煮物 炊合せ便利帳

中西彬

まえがき　―ページを開く前に―

最初、本書出版のお話を頂いた際には、名の通った名店の名料理人が出しているような豪華な美装本の企画でした。しかし私はこれから料理長を目指す、若い方に少しでもお役に立てたらと思い、本当に奢った考えですが、編集部の方にお願いして、このような本が出来上がりました。

私は十六歳でこの道に入り、六十七歳まで五十余年、包丁と鍋とで楽しくこの世界を渡ってきました。幸せな包丁道だったと思います。日本料理の中でとくに煮物（炊合せ）の仕事は一番難しいと思いますが、それゆえ、やりがいのある仕事だと思います。

バブルの時代は、あまり難しく考えなくてもお客さまは店に来てくださいましたが、今の時代は厳しくなっているのは事実です。本当に美味しくなければ絶対に流行らなくなります。われわれはプロですから、数字としてそれが如実に現れてくることを肝に銘じなければなりません。すなわち原価や可食率、さらに間接費まで把握しなければなりません。自由にいい素材を使って、いい器に盛りさえすればよい―そんなお店は数少なくなりました。でも数字を理解して仕事をしなければ、これからの時代は取り残されてしまうでしょう。利益の出ないような仕事は趣味の世界にすぎません。割烹店、料理屋、旅館など、それぞれの職場で求められることに幅広く対応できる、プロとしての技が要求されるでしょう。

「料理」とは読んで字のごとく「理を料る」、すなわち自然の物を自然に無理をしないで調理する、と私は理解しています。この本の中にいろんな割り出汁や調理方法が出てきますが、それはあくまで目安として理解して使って下さい。これは私の五十余年の経験の集積であり、若い調理師の皆さんに少しでもお役に立てたらと思ってまとめたもので、けっして奢った気持ちで作ったつもりはありません。なるべくわかりやすく語ったつもりです。

最後になりますが、どうか日本料理を楽しんでください。

目次●煮物 炊合せ便利帳

魚

貝・蛸・烏賊・海老・蟹

乾燥品・加工品

本書を使うにあたって

●料理は野菜・果実、茸、魚、貝類そのほか、肉、乾燥品・加工品の６ジャンルに分け、素材別に五十音順に並べました。

●掲載した写真の調理方法を解説するほかに、注意点や応用方法があるものは赤い丸で別に記しました。またタケノコのゆで方のような、どの料理でも共通するような下ゆでや下ごしらえは、最初に青い丸でまとめました。

●煮炊き物は鍋の大きさと火力の違いで仕上がりが大きく変化します。味つけも使用する醤油の銘柄など、調味料で変わってきます。店の味や好みの違いもあります。そのため配合や分量、調理時間はあくまでも目安としてください。

●八方出汁の分量で使われている「杯」という単位は玉杓子1杯のことで、５勺（せき）＝90ccです。

●ただ「出汁」とだけ表記しているものは、昆布とカツオ節で一番出汁をとったのち、その出汁がらに水、酒を加え、15分煮た二番出汁を指します。

●大さじ1杯は15cc、小さじ1杯は５ccです。

撮影……海老原俊之
装丁・レイアウト…阿部泰治［ペンシルハウス］
編集……高松幸治

調理協力……有馬温泉古泉閣　兵庫県神戸市北区有馬町１４５５－１
０７８－９０４－０７３１
器協力………池田陶苑　佐賀県西松浦郡有田町丸尾丙２７１８－１
０９５５－４３－３１８１

下処理について

面取り

野菜を炊く前にむき整える作業が面取りです。火の通りが一定になるよう同じ大きさと形に包丁するとともに、煮くずれしやすい角の部分をあらかじめむき取ったりもします。さらに料理によっては、三角錐を使って美しく飾り切りにすることもあります。たとえばカボチャやトウガンをむいて木の葉に見立てるといった具合です。

掲載例……海老イモ、ダイコン、栗、ユリ根

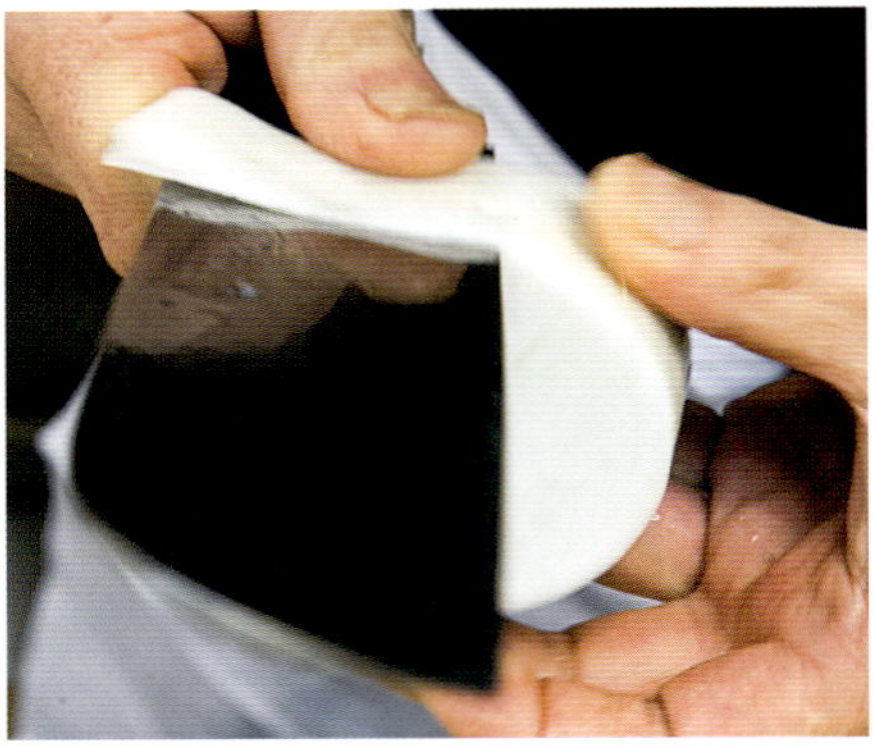

❶ ダイコンを四角くむく。

❷ 角の部分を面取りする。

❸ 海老イモの皮を厚めにむく

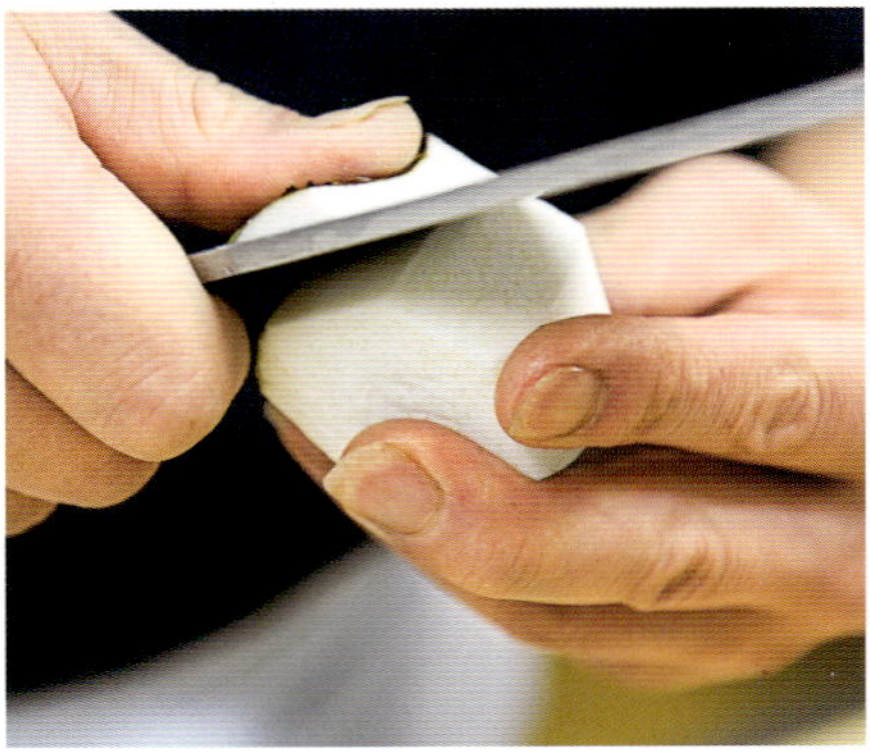

❹ 断面から六方にむく。

あく抜き

苦味やえぐみといったアクを持つ野菜や乾物は、煮炊きする前に取り除いてやらなければなりません。これは素材によって方法はさまざまで、酢水や米のとぎ汁でゆでたり、炭酸（重曹）や明礬を加えた湯でゆでたりします。アクも素材の持ち味のひとつですから、抜きすぎて風味をなくさないように気をつけます。また糠臭さや炭酸くささなどが加わっては本末転倒ですから、水にさらしたり、きれいな湯でゆでなおすなどの気遣いが必要です。

掲載例……ウド、海老イモ、キンカン、栗、ゴボウ、サツマイモ、ショウガ、ダイコン、タケノコ、ツクシ、長イモ、芽イモ、ユズ、レンコン、ワラビ

1 落とし蓋をしてタケノコを糠湯でゆでる。

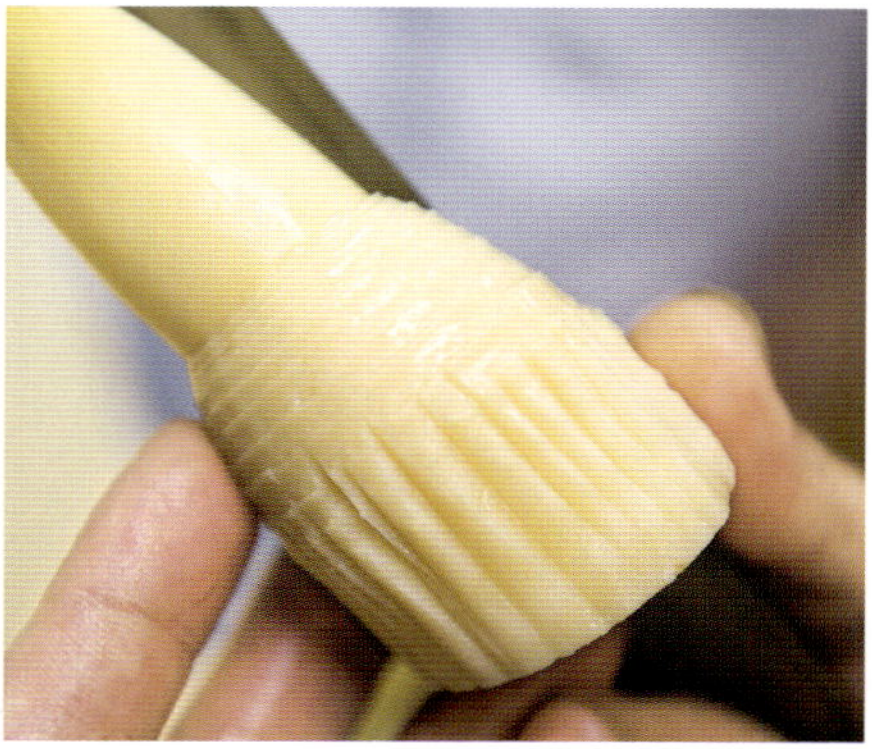

2 ゆで上がったら清湯をした後、根元のいぼをきれいにむき取る。

色出し①

緑色の野菜を色よくゆでる作業では、さっと湯を通したのちに、美しい緑色があせないように急冷します。一般に氷水に落としますが、余分な水気を含ませたくない場合は、ざるに上げて冷まします。これを「岡上げ」と呼び、風を当てて冷ますこともあります。なおフキや菜種などのしっかりした野菜は、ゆでる前に塩でもみ、塩水に浸けておくと、色が安定し、香りも引き立ってきます。ただし浸けすぎるとしなっとしてくるので注意が必要です。

掲載例……ウスイ豆、フキ

❶ 菜の花を塩でもむく。

❷ 炭酸を加えた塩水に 30 分間浸ける。

❸ 塩を加えた湯でゆでる。

❹ 氷水に落とす。

色出し②

青野菜とは別に干しゼンマイを青く仕上げたり、ナスを色あせないように下処理することも色出しといいます。干しゼンマイの場合は銅、ナスの場合は明礬を使って、クロロフィルやナスニンを化学変化させ、色が変わらないようにします。なお銅の錆である緑青はかつては有毒であるといわれてきましたが、これは誤りであることがわかっています。

掲載例……ナス、ぜんまい

❶ 青干しのぜんまい。これを水に浸けてもどす。

❷ もどったら力を込めてもむ。弾力のある歯ごたえが出てくる。

❸ 銅片を加えた湯でゆでる。

❹ 青く発色したら氷水に落とす。

塩をする

魚介類では、煮炊きの準備段階で塩を使うことがあります。これは味つけではなくあくまでも下処理です。塩の浸透圧を利用して魚の生臭さを除きます。またタンパク質を固めて煮くずれしにくくする効果もあります。通常はふり塩をしますが、シラウオのような柔らかい素材は塩水に浸け、逆に頭や中骨のように硬くて生臭さの強い素材は塩をすり込んだりします。また貝類のぬめりを洗い落とす際にも、塩を使います。

掲載例……イワシ、オコゼ、サバ、シラウオ、スズキ、タイ、タラコ、ブリ、アカ貝、アワビ

❶ タイのアラに多めに塩をあてる。

❷ 湯通しし、塩とともに生臭さを取り除く。

霜降り

野菜を下ゆでするのは、緑色を美しく色出ししたり、固い素材を柔らかくして味が染み通りやすくするのが目的ですが、魚や肉の場合はぬめりや生臭さを取り除き、表面を固めて旨みが逃げ出しにくくするためです。加熱するのが目的ではありませんので、熱湯をかけたりさっと湯にくぐらせて、あたかも霜が降りたように表面のみが白く色が変わる程度にとどめるのが普通です。この場合も野菜の色出しと同様に、これ以上加熱が進まないように氷水に落としたり、風を当てて急冷することもあります。

掲載例……アナゴ、アブラメ、アンコウ、オコゼ、カツオ、サバ、スズキ、タイ、タイの子、ドジョウ、ブリ、伊勢エビ、貝柱、カキ、鴨、牛、スッポン

❶ たっぷりと沸かした湯に酒少量を加える。

❷ 包丁目を入れたアイナメを入れる。

❸ 氷水に落とす。

乾燥品のもどし方

野菜を乾燥させた乾物や、魚介類に塩をして干した塩干物は、煮炊きする前に、水に浸けてもどす作業が必要になります。その際に炭酸を加えると柔らかくもどりますが、柔らかくなりすぎると煮崩れしてしまいますので、注意が必要です。また塩干物をもどす際には、真水に浸けると一気に塩が抜けて旨みが逃げてしまうし、先に表面ばかりから塩が抜けて不均一な仕上がりになるので、塩水を使ってゆっくりともどします。

掲載例……かんぴょう、きんこ、黒豆、高野豆腐、昆布、ずいき、ぜんまい、花豆、ひじき、棒鱈、身欠きニシン

❶ カンピョウを水でもどす。

❷ 塩をふってもみ、硫黄臭を除く。

❸ 水洗いしたのち、下ゆでする。

出汁について

基本の出汁

吸い物用の一番出汁はあらかじめひいておいた昆布出汁に、人数分の鰹節を加えて必要な量だけ引くと、香りがとびません。昆布出汁を火にかけ、沸いてきたら全体の1割の差し水をし、血合い抜きの鰹節を昆布出汁1・8ℓに対し50gくらい加える。煮きり酒を1・8ℓに対し約24g、粗塩を軽くひとつまみ加える（味つけが目的ではなく、鰹の風味を引き出すため）。鰹節が鍋全体に広がり、再び沸く前に布ごしする。えぐみが出るので水分は絞りきりません。いっぽう二番出汁は、一番出汁のだしがらに、少量の昆布と血合い入りの鰹節、酒を加えて15分くらい煮出したもの。これをベースに追い鰹をしたり、各種出汁を合わせるなどして煮炊き物に用います。

❶昆布出汁

水1・8ℓに昆布50gくらいを一昼夜水に浸け、火にかけ、60℃くらいで引き上げます。

❶

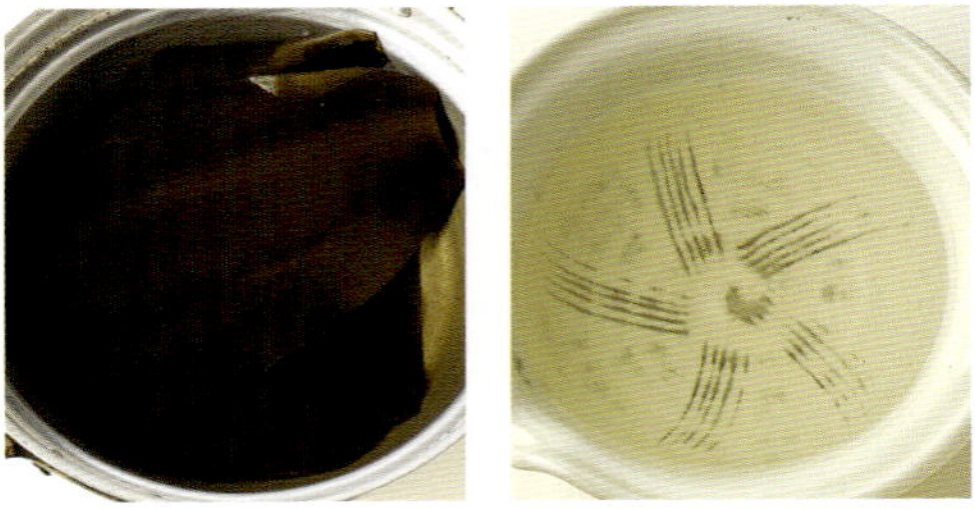

❷椎茸出汁

水1・8ℓに干しシイタケ（平）50gくらいを水洗いし、ぬるま湯で30分くらいもどしたのち、一昼夜浸け込みます。火にかけ、浮いてくる泡をていねいに取り、布ごしして使います。

❷

❸大豆出汁

水1・8ℓに煎り大豆80gくらいを一昼夜水に浸け、火にかけて煮立て、泡を取り、布ごします。

❸

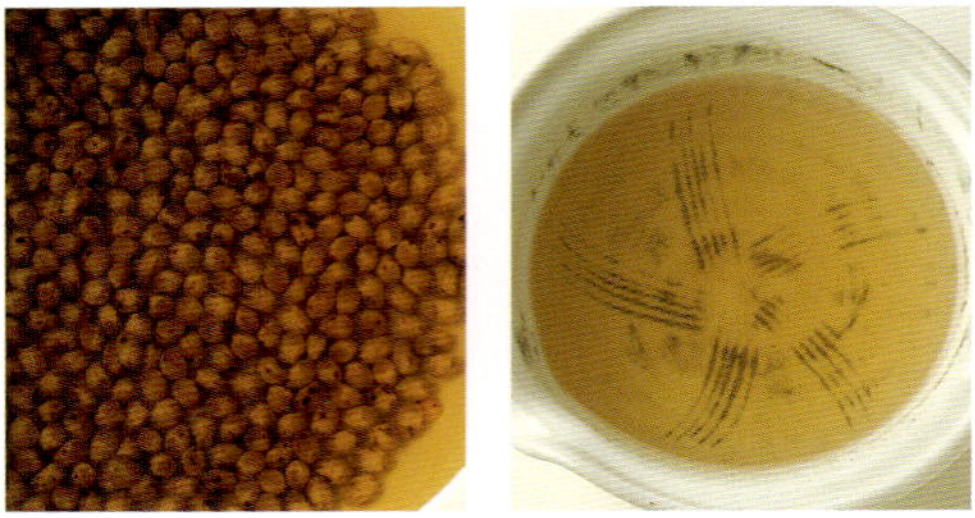

精進出汁

昆布出汁、精進出汁、大豆出汁を適宜ブレンドして煮立てて使用します。

❹干し貝柱の出汁

干し貝柱を一昼夜水出ししたもの。イリコなどもそうですが、一般に干したものから出汁を引く時は水出ししたほうがよい。なおイリコの場合は、指で押してばらして、中のハラワタなどを取ってから使用します。

❹

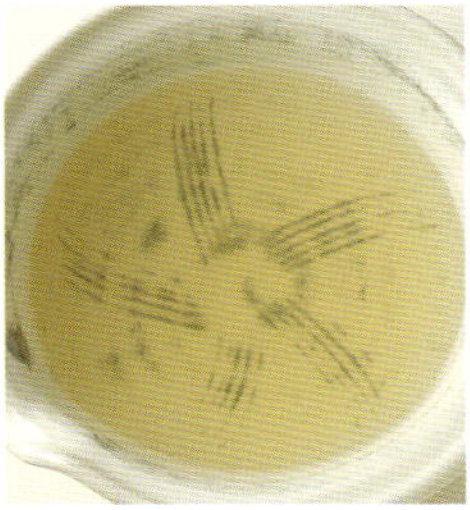

❺干し海老の出汁

干し海老を一昼夜水出ししたもの。旨みを足したいときなど追い鰹の代わりとしても使います（ナスなどにはよく合う）。

❺

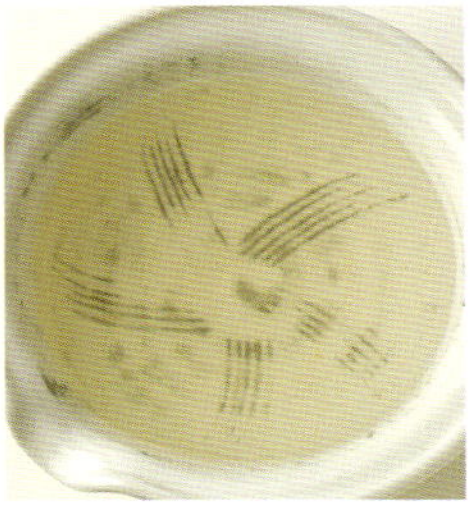

各種八方出汁

八方出汁（八方地、八方汁ともいう）は八方に向く（万能に向く）という意味からついた言葉で、煮物を作る際のベースとなります。醤油、ミリン、酒を合わせ、それを出汁で割り伸ばしていくことで調整します。店により目的により濃さには違いがあり、醤油に対して８～20倍くらいまでのばす。これによって店の持ち味が決まります。玉杓子で図るため、醤油１杯、ミリン１杯、酒１杯、出汁８杯の割合で合わせる場合、「１杯、１杯、１杯の８杯」などと表現します。

❻淡口八方

淡口醤油１杯、ミリン１杯、酒１杯の割合で合せ、それを出汁で割り伸ばしていくもの。出汁 20 杯くらいで吸い物程度の味つけにしたものをとくに「吸八方」と呼びます。

❻

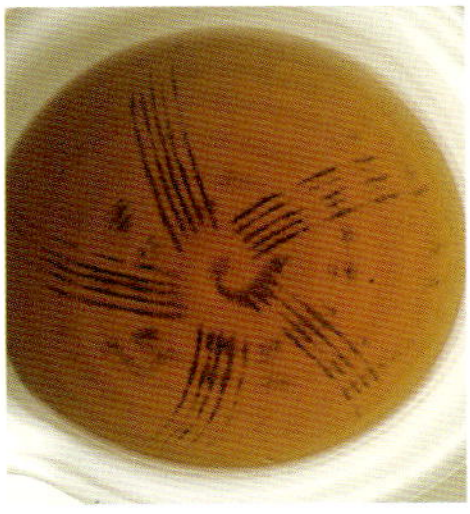

出汁 10 杯で伸ばした
淡口八方

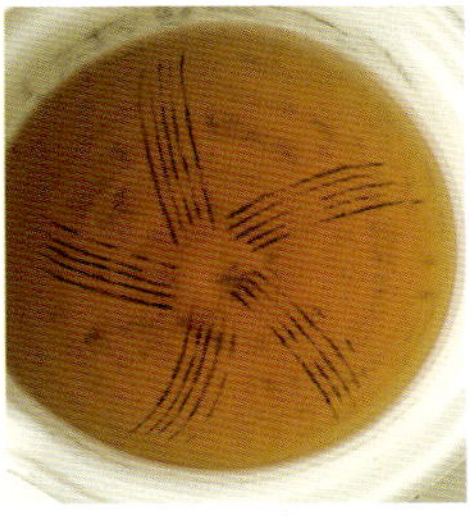

出汁 12 杯で伸ばした
淡口八方

❼濃口八方

　濃口醤油で作る八方出汁。提供する店によって濃さはさまざま。三割たれを５～６倍に薄めたもので、鰹出汁を使ったり、昆布出汁でのばすこともあります。鴨の治部煮や、砂糖を入れて２割ほど煮詰め、蛸の旨煮などに用います。割烹店では一度煮立てビンなどに入れてストックしておくと便利です。

❼

出汁６杯で伸ばした濃口八方

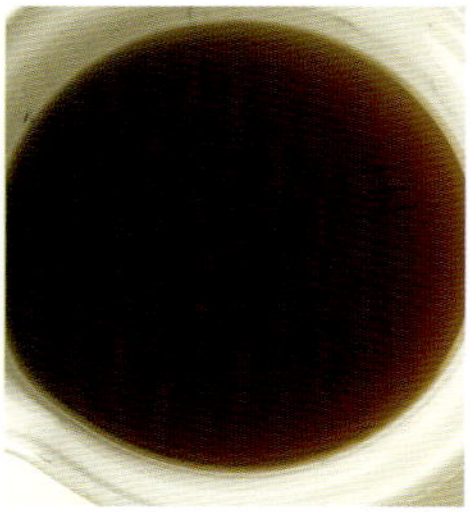

出汁８杯で伸ばし、砂糖を加えた濃口八方

❽三割醤油

　三割たれともいう､基本的な割合。濃口醤油１杯、酒１杯、ミリン１杯の割合で合わせ、イワシの辛煮などの煮物、魚の焼きダレなどに使用します。３～４倍に出汁でのばして丼出汁にしたり、梅干しを加えて追い鰹して煎出汁にしたり、昆布出汁でのばしてスキタレ、煮魚などに。

❽

❾酒八方

　出汁６杯、酒１杯に、塩をティースプーンに山盛り１杯、うま味調味料少量で合わせたもの。醤油の色がつかないので白八方ともいい、色だしした青野菜を浸けたりするのに使います。たとえば炊合せの前盛りのワラビの場合、まず酒八方に１時間下浸けしたのち、八方出汁で本浸けします。

❾

野菜・果実

無花果甲州煮

❶イチジクは硬く、しっかりしたものを選ぶ。熱湯で霜降りし、冷水に落とし、割り箸の角で軽くこすり、皮をむく。
❷穴開きバットに並べ、軽く蒸し器で蒸し上げる。
❸薄蜜（水１・８ℓ、砂糖４００ｇ）に赤ワインを加えた地に加え、蒸し煮にする。

うすい豆青煮

木の芽

❶二度むきしたうすい豆を２％くらいの塩水に炭酸少量、灰汁少量を入れ、４～５時間浸け込む。
❷時間が経ったら落とし蓋とさらに上蓋をし（二枚蓋）、密閉して中火にかける。沸騰させないようにゆで、そのまま鍋止めして冷ますと色よく中まで柔らかく仕上がる。
❸さっと水にさらし、冷めた吸八方に入れ、中火で煮上げる。鍋止めする。

独活白煮

木の芽

●下ゆで

①軟化ウドの根元の土汚れを洗い、たわしで表面をこすりながら、水でよく洗う。根元の部分を切り落とし、数cmに切りそろえ、厚めに皮をむき円柱に形を整える。

②むいたウドに細いマチ針で中心まで針打ちしておく。アクが強いのでむいたそばから、酢水に浸けていく。20分くらい浸けたら水にさらす。

③たっぷりの熱湯に酢を落とした中で直流で下ゆでし、冷水にさらす。

❶ウドの水気を取り、軽く塩をふる。

❷酒八方にミリン、淡口醤油少量、さし昆布をし、ウドを煮る。

❸岡上げして冷まし、❷と同じ味の地にあらためて浸け直す。

●春の魚貝や、飛龍頭の付け合せなどよく調和します。

●炊き上がったウドは金気が強いものに入れて保存するとアクがまわるので、陶器やタッパーにしまいます。

独活鼈甲煮

❶ウドを下ゆでし、水気をとる。

❷180℃くらいの油で色づくくらいに揚げ、油抜きする。

❸濃口八方に砂糖、鷹の爪を加え強火で短時間で煮る。そのまま含ませる。

●むいた皮などは千切りにして伽羅煮やきんぴらにすると、ばんざいや、ちょっとした肴になります。

青梅蜜煮

❶青梅はなるべく硬めのものを選ぶ。まずえくぼについているヘタを竹串でえぐり取り、5％くらいの塩水に一昼夜浸ける。
❷水に軽くさらし、アク、酸味を抜く。そのまま冷凍し、三昼夜くらい置く。
❸銅鍋に濃口醤油をふって一晩おき、さびさせる。水を張り、煮立て、梅を凍らせたまま入れてゆっくり湯をするときれいな青色になる。
❹何度も湯を替えてゆがき、緑青を抜く。穴開きバットに入れ、軽く蒸しをかける。
❺水分を抜き、薄蜜（水1・8ℓ、砂糖600g）、梅酒2割を入れて仕上げる。
●緑青を加えてゆですぎないこと。

海老芋含ませ

天井昆布　柚子

●下ゆで

①海老イモはきれいに洗い、土などをよく落とす。頭を落とし、六方にむき、砂糖水に浸け、アク止めしておく。

②鍋にたっぷりの湯を沸かし、米糠を加え、海老イモをそっと入れて八分ゆがきする。水にさらして濁り、ぬめりをおとす。

③きれいな湯でさっとゆで（この作業を清湯という）、糠臭さを抜く。岡上げして軽く振り塩する。

❶酒八方にミリンを加え、淡口醤油少量を加える。爪昆布を入れて煮立てる。岡上げし、冷ました後、共汁に浸ける。

❷付け合せに天井昆布（１５２頁参照）を添え、香りはユズにて供す。

●途中数回に分けて調味を加減します。ミリンは、芋がしまり堅くなるので、使いません。

●また別の方法としては、経木を敷いた鍋に海老芋を入れ、たっぷりの出汁を入れてやや甘めの吸八方を作り、弱火で煮て味をつけてもよいでしょう。その際には削り鰹を寒冷紗で包んで蓋にします。出汁がなくなるくらいまで煮込みますが、削り鰹が炊き上がるまで芋が顔を出すことを防ぎ、白く仕上がります。

●含ませ煮はニンジンなどもそうですが、素材そのものの味が味わえます。

海老芋土佐煮

柚子

❶含ませ煮にした海老イモを鍋ごと温め、地をきり、粉鰹をまぶし、盛りつける。

射込み海老芋

青菜　椎茸　柚子

❶ウズラのミンチを用意し、半量は酒、醤油、砂糖で下煮してそぼろに炊いておく。残りの半分はすり鉢ですり込み、つなぎに片栗粉と卵黄を入れてすり、白味噌、赤酒（または煮きり酒）、淡口醤油で味をつける。

❷先のそぼろを乾いたすり鉢に入れてすりつぶし、生のすり身を入れ充分にすりあわす。

❸下ゆでした海老イモの中心を打抜きで抜き取り、内側に小麦粉をふり、ウズラのすり身を射込む。サラシで包んで竹の皮ひもで十文字に結び、バットに並べて蒸し器で20分ほど蒸して火を入れる。

❹サラシをとらずに鍋に入れ、出汁15、淡口醤油1、ミリン1の八方出汁で煮物加減で煮る。

❺ホウレン草の含ませと、椎茸を添えてすすめる。香りはユズ。

射込み海老芋

梅人参　鶯菜　柚子

❶鶉射込みの要領で、ウズラの代わりに海老しんじょう（42頁「射込み牛蒡」参照）を鋳込み仕上げる。

蕪鋳込み

柚子

❶葉付きの蕪を求め、身と葉付きの方とに分ける。

❷葉のほうは土など汚れをきれいにし、塩7、炭酸3を合わせた炭酸塩をすり込んだ後、酒八方に地浸けしておく。

❸身の方を丸くむき、底を平らに包丁する。入り口を広げないように気をつけながら中身をくりぬく。

❹ゆがいて、水にさらした後、水気をとる。

❺ウズラのひき肉と、その半分量のミンチをすり鉢に入れ、すりつぶしたウズラ肉と合わせ、つなぎに片栗粉、卵黄を入れすり合わせる。赤酒、砂糖、淡口醤油で味をつけ、白味噌少量を隠し味にしてこれを、蕪の中に鋳込み、ガーゼで包む。

❻出汁12、酒1、ミリン1、淡口醤油1、塩の地で蒸し煮込みする。煮上がったらガーゼをはずし、切り口を見せて盛りつける。

❼葉の部分をあしらい、銀餡をかけ、ユズにてすすめる。

●海老やかしわ、ギンナン、百合根、シイタケなどを玉子けんちんでとめて、射込んでもよいでしょう。

菊花蕪風呂吹き

裏白豆腐

❶畦蕪の葉を落とし、きれいに水洗いし水気をとる。
❷球状に皮をむき、葉元の方から菊花に包丁し、天の所までむく。
❸天から中心にむけて中身をくりぬき、昆布湯で下ゆでする。
❹水気をとり、吸い加減で煮含めておく。
❺天を下にして水分をとり、柚子味噌を鋳込み、蒸し温める（中の柚子味噌の黄色が透ける）。
❻あしらいに裏白豆腐（菊菜にゆるくのばしたすり身をつけて蒸し固め、地浸けする）を添え、蕪を炊いた共汁をかけ、天にみじんに切ったユズをのせる。

菊花蕪

菊花餡　菊菜霞煮

❶小蕪を菊むきにする。
❷米のとぎ水でゆがいて流水にさらし、水分をきる。
❸ミリンを加えた酒八方で味をつけ、含ませておく。
❹地ごと温め、器に盛り、菊花餡をかける。卵白にくぐらせて吸八方でさっと煮た菊菜を添える。

印籠南瓜

❶黒皮カボチャの山になったところを火が入りやすくするため、削り取って平らにする。

❷出刃包丁で茎ウテナの周りに包丁を入れ、抜き取る。中の種を取り、さらに丸のくりぬきで中の果肉をくりぬく。

❸水でよく洗い、ふせて水切りする。刷毛で小麦粉を打ち粉する。

❹すり鉢に鶏ミンチを入れ、卵を割り込み、絞り豆腐2割、鶏そぼろ半量を加え、すり混ぜる。酒少量、濃口醤油少量、砂糖少量で薄味をつける。

❺最後にみじん粉をつなぎに入れ、カボチャの中に詰め込む。茎ウテナで蓋をし、ガーゼで包む。八方出汁に入れ、蒸し煮する。

❻小口切りにして盛り込む。

●みじん粉の膨張する力によって隙間ができず、きれいに仕上がります。

金柑蜜煮

❶よく熟した葉つきのキンカンの尻に無数の串を刺して（または縦に5つ包丁を入れ、ゆでて種を押し出す）、濃い米のとぎ水に一昼夜浸けておき、水で洗う。

❷葉の部分だけを銅鍋で色出しし、冷水にとる。

❸水で洗った後、鍋にキンカンを入れ、かぶる程度の米のとぎ水を入れて中火で30分くらいゆがく。水の中にキンカンを移し入れ、静かに水を流し、ときどき水を取り替えて、3日間くり返す。

❹最後にさっとゆがいて湯を捨て、水に浸ける。

❺裏ごしの上に並べて水分をきっておく。

❻鍋にキンカンを入れた上から蜜（水1・8ℓ、砂糖400g）をかぶるくらい注いで紙蓋をして、弱火で15分くらい煮込み、火を消してそのまま含ませておく。

●時間が経つにしたがって自然に苦味のない、艶のある蜜煮が仕上がります。

餅銀杏

● もどし方

①米のとぎ汁1・8ℓに炭酸をティースプーン2杯くらい加え、よく溶かす。渋皮をむいたギンナンを2時間くらい浸ける。

②サラダ油を注ぎ、油蓋とする。中火で躍らせないようにゆがく。

③水にさらし、炭酸臭さを抜く。

❶水気をきり、淡口八方で含ませる。

● 落とし蓋だと破裂するので、油蓋をします。

● 炭酸を入れすぎると、炭酸の臭みが抜けず、ふくらみすぎてスカスカになるので気をつけましょう。

● 別の方法としては、渋皮がついたまま水を張った鍋に入れ、米ひと握り、炭酸ほんの少量を入れて、油蓋をして煮てもよいでしょう。

銀杏葛煮

❶もどしたギンナンを酒八方に下浸けしておく。

❷出汁12、酒1、淡口醤油1、ミリン1を煮立てて、水溶き葛を注ぎ、ギンナンを入れる。

❸煮立てて木杓子でかき混ぜながら葛をからませる。

● 新ギンナンを低温の油で油通しして皮をむき、油抜きしてから煮てもよいでしょう。

栗渋皮煮

ぶぶあられ

❶大粒でよく実が入っていて、新鮮な栗を求める。渋皮を傷つけないように鬼皮をむき、乾燥させないように水に落とし、しばらく水につけておく。

❷竹串の丸いほうで渋の繊維に逆らうようにしながら、傷をつけないように渋の筋をこそげとる。

❸栗2kgにかぶるほどの水を注ぎ、炭酸を大匙3杯加え、ひと煮立ちさせ、火を止め、そのまま一晩おく。

❹水にさらして炭酸臭さを抜き、残っている筋を爪楊枝できれいにこそげとる。割り箸の角などで皮肌を軽くこするとさらにきれいになる。

❺ぬるま湯で洗い、再度鍋に栗をもどし、渋抜きのため20～30分煮出す。

❻火を止めてしばらくおく。流水で洗い、水気をとる。

❼栗の量に合わせ、水1・8ℓに砂糖800gを合わせた蜜を鍋に入れる。美濃紙で蓋をして、文火《とろび》で2日かけて煮含める。上がりに濃口醤油を落とし、味をしめる。

● 水っぽい栗や日にちの経った栗は、渋が実にくい込んでしまい、渋皮煮にはむきません。

● 弱火で、渋皮と実が一体となるように、煮含めます。ブランデーやワインを少し加えても風味が出ます。

栗蜜煮

❶栗の鬼皮を包丁でむきとり、形よく八方に面取りをして、充分水にさらす。

❷山吹色に色付けするため、クチナシの実を小口切りにし、サラシまたはガーゼに包み、経木の紐で結ぶ。鍋にむいた栗を入れ、かぶるくらいの水を張り、クチナシの包みを一緒に入れ、火にかける。

❸沸いてきたら弱火にし、半分くらい色が付いたところでクチナシを取り出す。

❹そのまま柔らかくなるまでゆでる。色がついたら流水でさらし、何度も水を替え、クチナシの苦味を抜く。

❺蜜煮にする。まず鍋に、栗とその半量の砂糖と水を入れて、煮る。栗の半量の砂糖をあとから入れ、弱火で煮る。蒸発したぶんの水を足しながら、じっくり煮含める。

●蜜は栗の量と同割の砂糖を目安に作り、かぶるくらいの量の水で調整します。煮ている間はセロハンや紙蓋で、空気に触れないようにします。

●仕上がった栗は、甘さを加減すれば、炊合せや前菜、焼き物のあしらい、甘味、白仙揚げ、飯蒸しなど、いろいろな用途に使えます。

慈姑含め煮

❶芽がしっかりした傷のないクワイを選び、根つきのほうから芽に向かって八方にむく。立塩に30分ほど浸け、水にさらす。

❷湯を沸かし、柔らかくゆがく。

❸水によくさらしアクを抜く。酒八方に砂糖、ミリンを入れ、弱火で15分くらい煮て鍋止めする。半日くらいおくと味が中までしっかり通る。

●クワイは米のとぎ汁でゆがいてもよいでしょう。きれいに白くあがります。この場合、きれいな湯で抜きゆがき（清湯）をします。

●クチナシの実を1、2粒つぶして加え、黄色に着色してもよいでしょう。水仙などにむいて八寸などに用います。

●梅形にむいてザクロなどで着色してもよいでしょう。

慈姑揚げ煮

❶含め煮同様にクワイの皮をむき、松毬《まつかさ》に包丁する。立て塩に30分ほど浸け、水洗いしたのち、半日ほど風干しする。

❷160℃くらいの油で色づく程度に揚げる。油抜きし、出汁10、淡口醤油1、ミリン1の八方出汁で含ませて炊く。

●クワイをむくときに、松毬や、絵馬など、飾り包丁してから炊くと季節に応じて使えます。

小芋大徳寺煮

針柚子

●下ゆで

①小芋は中くらいのものを選び、すり鉢に入れ、少し水を張る。布巾をのせ、こすって皮をむく（または布巾で包んでもみこんでもよい）。

②皮をむいたらすぐに米のとぎ汁で水からゆでる（ゆですぎないこと）。水にさらし、水気をきる。

❶油で揚げ、油抜きをして鍋に入れる。

❷大徳寺納豆（浜納豆で代用してもよい）はボウルに入れ、酒をかぶるくらい入れ、ラップ紙でおおって一昼夜ねかす。

❸大徳寺納豆を裏ごしにかけ、昆布出汁でとく。白ミソを2割くらい入れ、味をごくごく薄い味噌汁味にしてミリン少量を加える。

❹小芋の鍋にたっぷりと張り、文火《とろび》でゆっくりと煮詰めていく。大徳寺納豆の味噌で小芋をおおいからめる。

●小芋は焼き目をつけて煮てもよいでしょう。

冷やし小芋

ふり柚子

❶小芋を大徳寺煮の要領で皮をむき、下ゆでする。

❷酒八方でゆっくり煮込む。追い鰹をして、じっくり煮て、あがりにミリン、淡口醤油を打ち、鍋止めをする。

❸さらによく冷やし、器に盛る。青ユズをふる。

●涼感を出すように、クラッシャーの氷を使うと夏のしのぎの一品となります。

●この料理の場合、ミリンは早い段階で加えません。小芋の表面が固くなりやすく、またアクが出て小芋が赤くなりやすいからです。

焼小芋

生湯葉　おくら　針海苔　山葵

❶冷し小芋の要領で煮た小芋を天火で焼いて、焼き目をつける。

❷汲み上げ湯葉をからませ、さっと蒸し上げる。酒八方で煮たオクラ（67頁参照）を添える。

❸煎り出汁（鰹出汁5、酒1、淡口醤油0・5、濃口醤油0・5、ミリン1、梅干し2〜3個を煮立て、追い鰹をする）をかける。

牛蒡梅煮

山葵

●下ゆで

①ゴボウはたわしでこすりながら水洗いする。鍋にゴボウ、水、米糠をたっぷり入れて、竹串がすっと入るくらいまでゆがく。

②湯を捨て、清湯し水洗いする。

❶酒八方出汁で煮含め、味が入ったら地を半量捨てる。

❷梅干しの裏ごしを溶き入れ、ミリン、砂糖少量で味をととのえ、ゴボウを煮上げる。

❸冷めたら、山葵を風味づけに混ぜ、盛り付ける。

射込み牛蒡

菊菜　人参　柚子

❶堀川ゴボウの皮の表面の汚れをたわしでよく落とし、端を切り落とし、適当な大きさに切り出す。30分くらいかけて、竹串がすっと入るくらいまで糠ゆがきする。

❷湯を捨て、清湯し水洗いする。このとき、表面の穴や割れ目の所など糠が入り込んでいるので注意してよく洗う。

❸ゴボウの中心のスのところを筒抜き月環でぬく。

❹濃口八方でゴボウを下煮し、味をつけておく。

❺海老のすり身に卵白を加えてよくすり合わせ、ミリン、淡口醤油であたりをつけ、しんじょう地を合わす。そこに道明寺粉を加え、ざっくり混ぜ合わす。

❻ゴボウの地をきり、内側に小麦粉で打ち粉し、絞り袋にてしんじょう地を射込んで、両側にぬらした薄経木を貼り付け、ガーゼで包む。蒸して火を入れる。

❼蒸し上がったゴボウは、出汁8、淡口醤油1、ミリン1の八方出汁で煮物加減で煮て、鍋止めし、味を含ませる。

❽切り出して切り口をみせ、ニンジン、菊菜の霞煮を添えて、共地を張り仕上げる。

●道明寺粉の膨張力を使うことによって、射込んだときのゴボウとの隙間がなく密着させられます。

牛蒡煎り煮

唐辛子

❶細めの洗いゴボウはたわしでこすり、包丁の腹で軽く叩き、香りを出す。適当な長さに切りそろえる。
❷鍋に太白ごま油をひき、鷹の爪を入れ、中火で先のゴボウを煎りつける。
❸火が入ったら酒を加え、砂糖、濃口醤油で味をつけ、ゴボウの香り、食感を活かして仕上げる。

手毬牛蒡

木の芽

❶太めのゴボウを流水でたわしでよく洗い、端を切り捨て、おろし金ですりおろす。
❷手毬状に丸どりし、１８０℃の油で揚げる。表面がかりっとし、中まで揚がればすくい上げ、ペーパータオルで油をきっておく。
❸酒、ミリン、砂糖、濃口醤油、白味噌を合わせて鍋に入れ、先のゴボウを入れ、強火で一気にからめながら煮詰めにする。ちぎり木の芽を散らす。

●ゴボウのでんぷん質のみを利用して丸どりした煮ものです。

栂尾煮

●色づけ

①新丸十（新のサツマイモ）を3〜4cmの篠にむき、焼き明礬少量、砂糖を入れた水に浸け、アク抜きする。

②クチナシの実を小口に切り、ガーゼで包み、煮立てた湯の中に入れて色づけする。

③先の新丸十を入れて染める。硬めにゆで、引き上げる。

④水にさらしてクチナシの苦味を抜く。

❶蜜に塩を加えた地で煮て味を含ませ、艶よく仕上げる。

❷最後に外側が少し煮崩れる程度にころがしながら、煮上げる。

●八、九月頃に出回る新のサツマイモだとアクが少なく調理しやすい。

新丸十蜜煮

❶新丸十を皮を残して適当な大きさに切り出し、焼き明礬水に浸け、アク抜きする。

❷栂尾煮同様、クチナシで色づけする（用途に応じ色をつけずに、芋の自然な色を活かしてもよい）。

❸レモンを加えた蜜（水1・8ℓに砂糖600gくらい）、塩少量にて、蜜煮にする。

●レモン汁をたくさん加えたレモン煮やブランデー煮、オレンジ煮などいろいろと味のバリエーションをつけられます。

三度豆信太巻

❶出たての筋がなく柔らかい細いサンド豆を求める。つる付きの所を落とす。
❷水洗いし、炭酸と塩を混ぜた炭酸塩水に15分程度浸ける。
❸塩を入れた湯で色よくゆがいて冷水にとる。
❹水気をとったのち酒八方に浸ける。
❺薄揚げの縁に包丁を入れて開き、内側の豆腐をこそげとる。炭酸入りの湯に浸け、柔らかくもどし、油抜きする。
❻水気をとり、サンド豆に合わせて切り整え、巻く。
❼カンピョウで数箇所結び、出汁10に、淡口醤油1、ミリン1の煮物加減で色を飛ばさないように煮る。

射込み青唐

茗荷

❶シシトウ（万願寺トウガラシでもよい）の中の種を抜き、水にさらす。水気を取る。
❷すり身に練り雲丹を加えて酒で調整した雲丹しんじょうを絞り出しに入れ、中に絞り込む。
❸サラダ油でさっと揚げ、色出しする。
❹出汁10、淡口醤油1、ミリン1の八方出汁で煮る。

● 海老しんじょうを入れ、煎り出汁でさっとくぐらせ、ダイコンおろしをたっぷりのせれば、スタンド割烹向きの一品になります。

生姜鼈甲煮

柚子

❶新ショウガの葉を根元から切り落として水で洗い、割箸の角でこすって薄皮をむいて、細い竹串で深めに刺す。

❷大鍋に米のとぎ水を沸かして、鷹の爪と先のショウガを入れて中火で３〜４時間ゆがく。ショウガを取り出して流水で一晩さらしておく。

❸ショウガのゆがいた汁は残しておき、次の日鷹の爪を取り出して、再び３時間くらいゆがく。

❹今度は１週間さらして、何回も水を取り替え、辛味を抜く。

❺辛味が抜けたら、水気を飛ばすために蒸し器で空蒸しする。

❻水分をきったショウガを平らな鍋に入れる。薄蜜（水１・８ℓ、砂糖４００ｇ）をかぶるくらい注ぎ、美濃紙をかぶせて落とし蓋をして、極弱火で数日かけて炊いていく（炊くというより蜜をなじませるように、じっくりと火を通していく。一気に詰めない）。

❼冷えてから濃口醤油を少しさす。

● スライスしたり、小さめの小角に切り、八寸や焼き物のあしらいなどに。正月に「正賀」と名付け用います。

● 簡単に作るには、新ショウガをスライスして少しさらし、米のとぎ汁、鷹の爪を入れ、ゆがき、水にさらす。ゆがく、水にさらすを二、三度くり返し、辛味を抜き、空蒸しした後、薄蜜で煮る。

空豆艶煮

蕗　うるい

❶ソラ豆は二度むきして鍋に入れる。冷ました合わせ出汁（砂糖少量を加えた酒八方）を豆がかぶるくらいに注ぎ、紙蓋をして仕上がりを見ながら煮る。

❷フキの葉先を落とし、炭酸と塩少量で板摺りする。バットに入れて水を張り、30分ほど置き、塩少量を入れて交流でゆがく。

❸冷水に落とし、皮をむき、さらに30分ほど水にさらし、酒八方に1時間ほど浸け込む。適宜に切り、八方出汁に本浸けする。

❹提供前に一度さっと火を入れる。色のよい歯切れのよいフキとなる。

❺ウルイは熱湯でさっと湯をする。濃いめの吸八方に浸ける。

●空豆を煮る際はあまりおどらせず、余熱が入ることを考えてあまり煮すぎないこと。

●ウルイは生食も可能ですからあまり湯をしすぎるとまずくなります。白い根の部分が少しぬめりがあってもっともおいしく、お浸し、和えもの、酢味噌和えなどにもします。

大根風呂吹き

柚子　一味唐辛子

❶ダイコンを丸むきして、米のとぎ汁で柔らかくゆでる。

❷ゆがいたダイコンを水にさらす。昆布出汁に2割ほどの酒を入れ、塩だけで薄味をつける。30分ほど煮て、鍋止めしておく。

❸八丁味噌8に白味噌2を合わせ、酒、砂糖、ミリンを入れて出汁でのばす。火にかけて、卵黄6〜8個を加えて練り込む。フォワグラのペーストを4割ほど加える。

❹ダイコンを熱くなるまで温め、味噌をかけ、みじんユズ、一味トウガラシを散らす。

●ゆがいたダイコンは風味が抜けないよう浸けたままにしておきます。

●柚子味噌にする場合は、ゆがいたユズの皮をみじん切りにして加え、とろりとするまで練り込みます。

大根大名煮

鷹の爪

❶聖護院ダイコンは厚さ4cmくらいの輪切りにし、皮の近くにある筋ばった部分まで厚くむきとり、煮崩れをふせぐため、面取りする。

❷米のとぎ汁で柔らかくなるまでゆでる。

❸鍋に質の良い昆布を敷き入れ、一番出汁、酒、塩、鯛の中骨（白焼きして油抜きしてガーゼで包んでおく）、ミリン、砂糖少量、ジャコエビとともに、先のダイコンを入れ、煮含めていく。途中数回に分け、淡口醤油を入れ、味をじんわりと含ませる。2、3回火を止めて味を入れる。

●ダイコンをゆでる際にとぎ汁や米を加えるのは、ダイコンの苦味を抜くため。

射込み筍

桜麩　菜種

●下ゆで

①タケノコはタワシでよく水洗いして、硬い根と穂先を斜めに出刃包丁で切り落とし、さらに穂の皮の部分に中心まで包丁を入れる（こうすると均等に火が入る）。

②鍋に入れて水を張り、糠と鷹の爪2、3本を入れ落とし蓋をしてゆがく。糠と鷹の爪の量はアクの強さで加減する。

③竹串を刺してすっと柔らかく通れば鍋止めして冷ます。

④よく水にさらして糠を洗い落とし、薄刃包丁の背でタケノコをこすってきれいに掃除した後、一度ゆがいて糠抜きする。岡上げして水気を切る。

❶タケノコを鍋に入れて清酒をひたひたに注ぎ、酒煎りする。

❷酒が鍋底になったら出汁をたっぷり入れ、さらにさし昆布、追い鰹（ガーゼに包む）をしてじっくり煮込む。

❸塩、淡口醤油、ミリンで味をつけ、砂糖をかくし味とする。

❹煮込んだタケノコを円柱形にむき、中心を丸の打抜きで抜き取る。

❺ワカメを一度さっともどし、縦長の5㎜幅くらいの帯状に包丁を入れて、淡口八方に浸ける。よく絞り、タケノコの中心に射込み、ガーゼで包み、文火《とろ》で煮込む。適宜に切り、盛り込む。

❻桜麩は小口切りとし、塩少量でもみ洗いする。酒八方に砂糖少量の冷めた合わせ出汁に入れて火にかけ、煮上がる前に火を止め、含ませる。

❼菜の花は葉を掃除し、立て塩に30分間浸けたのち、塩もみし、それからゆでる。よく絞り、酒八方に浸けた後、淡口八方に本浸けする。

●ワカメの膨張力を利用しますときれいに仕上がります。

●大鍋で作る場合は淡口八方（出汁10〜12、淡口醤油1、ミリン1、酒1、砂糖少量）で煮込みます。

筍直煮

蕗　糸かつお

❶八方地で煮たタケノコ（49頁射込み筍参照）の共汁を少し鰹出汁で薄め、この地を使って煮詰める。上がりに粉鰹をふりかける。

●割烹店では少し薄く炊いておくと焼きもの、揚げもの、和えものなど多用途に使えます。

筍飛龍頭

湯葉　蕗　木の芽

❶ゆがいたタケノコの硬い根のところをおろし金でおろす。

❷絞り豆腐を裏ごしする。おろしタケノコを混ぜ、さらにトロロイモを2割ほど入れる。きざんだ穂先の絹皮、八方出汁で味をつけたタケノコの角切り、吸い地で炊いたキクラゲのせん切りを混ぜる。小麦粉少量を入れ、砂糖、塩で薄味をつける。

❸最初は低温で揚げ、もう一度中温で揚げる。

❹熱湯で油抜きする。

❺少し甘口の八方出汁で煮て味をつける。

筍芽巻　海老黄身煮　花びら百合根

❶八方出汁で煮たタケノコ（49頁射込み筍参照）を円柱形に切る。
❷もどしたワカメの茎を取り、きれいに掃除してタケノコの長さに広げる。タケノコを巻き、ガーゼで巻き締め、その上をさらに巻き簾で巻き、タコ糸でしっかり結ぶ。薄めの八方出汁で含ませる。
❸海老の背ワタを包丁でこそげとり、背開きにし、よく水気をふきとる。
❹卵黄をくぐらせて中温のサラダ油で揚げ、八方出汁で落とし煮にする。ひねショウガのスライスを上がりに加え、直流で煮る。
❺ユリ根を一片ずつにし、桜の花びらのごとく包丁して、酢を落とした湯でさっと湯をして、水にさらしてアクを取る。よく水気を取り、酒八方出汁に浸して蒸し煮とする。食紅を落とし桜色に色づけする。

●これも射込み筍同様、タケノコの膨張力を利用した仕事です。
●海老の落とし煮はあまり躍らせますと衣が分離するので気をつけます。
●花びら百合根は八寸などに使用する場合は蜜煮にしてもよいでしょう。

土筆玉締め

❶炭酸水でさっと煮て一晩水にさらしてアク抜きしたツクシを吸八方に浸け込む。
❷出汁10、淡口醤油1、ミリン1の淡口八方を煮立て、3cmくらいに切ったツクシを入れ、手早く煮て、卵をとき入れる。

●ツクシはワラビと同じく、火を通しすぎると細く硬くなり、食感が悪くなります。

博多冬瓜

茗荷　生姜

●下ゆで

①トウガンは天と地を包丁で切り、転がらないように布巾を敷いたまな板に載せる。出刃包丁の柄元のほうで荒皮をこそげとる。

②荒皮の下の固い皮を器のかけらかビンのかけらでていねいにこそげ取ると、きれいな若草色の皮肌が現れる。

③種を取り、長方形に切り取り、器に合った形にさらに包丁で切り取る。皮目に2～3㎜の深さに細かく包丁を入れる。均等に火が入るように、裏側に十文字に包丁を入れる。

④炭酸塩を軽くすり込む。

⑤すりこんだほうを下にして熱湯で軽くゆがく。水に落とし、よくさらす（ゆがきとさらしが足らないと変色する）。

❶塩が抜けたのを確認して、ペーパータオルまたはサラシを水で絞り、穴開きバットに敷く。蒸し器に入れて、竹串がすっと通るくらいまで柔らかく蒸し上げる。さらに水で絞ったペーパータオル（またはサラシ）で上をおおい、じかに風が当たらないよう冷ましておく。

❷昆布出汁にミリンと塩で好みの味をつける。トウガンを4～5時間浸け込み、味をのせる。色が飛ばず、味がよくのる。

❸フォワグラペーストをタコ糸で切ってトウガンの間に挟み、博多にする。軽い重石をかけ、半分に隠し包丁を入れて食べやすくする。

❹糸ミョウガともぐさショウガを盛り、銀餡をかける。

●フォワグラの替わりに海老そぼろや鳥そぼろ、穴子の白煮などを入れてもおいしいです。

冬瓜翡翠煮

生姜

❶トウガンを博多トウガンの要領で昆布出汁、ミリン、塩で味をつける。浸け汁に葛を引き、煮立て、すばやく冷やす。

●トウガンを煮るのは鰹出汁ではなく、昆布出汁とミリンが味を引き立てます。冷やし冬瓜にする際は、別鍋で浸け汁に葛を引き、上からかけます。

冬瓜酒盗煮

茗荷

❶酒盗は玉酒で煮立て、トウガンの浸け汁に入れて味をととのえる。

❷翡翠煮の要領でトウガンを塩を控えめにして煮て、代わりに酒盗で味をつける。

●翡翠茄子などに応用してもよいでしょう。

冬瓜水雲あんかけ

生姜

❶昆布出汁で味をつけた翡翠冬瓜の共汁に葛を引く。塩抜きしたモズクを刃叩きして加え、さっと煮て、冷やしかける。

●精進料理の逸品です。

トマト蜜煮

ミント

❶ゴルフボールくらいの大きさの硬めのトマトを湯ぶりして、冷水に落とす。薄皮をむく。

❷薄蜜（水１・８ℓ、砂糖４００ｇ）にコアントロー（オレンジリキュール）を１割ほど入れる。トマトを入れて蒸し煮込みにする。

❸冷たく冷やし、レモンを絞る。

●夏のデザート、またはしのぎの一品に。

●皮をむいたら底をくりぬき、卵けんちんを射込み、八方味をつけた鶏スープで蒸し煮込みにして冷やし炊合せにしてもよいでしょう。牛乳に鶏スープを半分くらい入れて、葛でとろみをつけて和風のホワイトソース味にして提供します。

長芋白煮　柚子

●下ゆで

①長イモの汚れをとり、根をガス火で焼き落とし、水で洗う。
②割らないように気をつけて、皮をむきやすい長さに包丁する。
③皮をむき、円柱に包丁する。
④厚さ２㎝くらいに切り出し、明礬を入れた酢水に浸けてアク止めする。
⑤霜降りして、冷水にとる。水気をとる。

❶鍋に酒八方を張り、砂糖を加える。風味づけにガーゼで包んだ煎り米を入れる。
❷長イモを入れて煮含める。白色を基調にするので、醤油は控える。火加減に注意しながら静かに炊く。

長芋揚げ煮　木の芽

❶長イモの白煮同様下ゆでし、皮付きのまま４㎝くらいに切り揃え、縦に食べやすい幅に切り揃え、塩水に浸ける。
❷風干しをしたのち、１８０℃の油で色づくまで揚げる。油抜きする。
❸鍋に酒、砂糖、ミリン、濃口醤油、白味噌で地を合わせ、強火で一気にからめながら、手早く煮上げる。

桜花長芋含め煮

木の芽

❶長イモをきれいに水洗いして割らないように気をつけながら3㎝くらいの高さに切り、皮をむいて、桜の打ち抜きで抜く。
❷明礬、酢を加えた水に浸け、アク抜きする。水洗いして、さっと霜降りして、水気をきる。
❸濡らしたサラシで包み、蒸し器で火を通す。
❹酒八方に赤の色粉でほのかな桜色をつけ、桜の葉を香り付けに忍ばせた地を合わせた中に蒸し上がった長イモを入れ、ペーパータオルを落とし、蒸し煮込みにする。
❺炊き上がった桜花長芋を2㎜ほどにスライスし盛り付ける。
●別鍋に煮物八方を合わせ、煮含めた長イモを入れ、さっと炊いて、椀盛りにしてもよいでしょう。

茄子うるか煮

蓼　もぐさ生姜

❶輪切りにしたダイコンに金串を数本刺して固定し、この金串で長ナスに何度もつき刺し、火を通りやすくする。さらに包丁で縦に数箇所薄く切り目を入れ、塩もみする。
❷花落ち（丸い先のほう）から割り箸を刺し込み、コンロの直火でナスを焼く。氷水に落とし、皮をむき、水気をきる。淡口八方に浸け込む。
❸アユの真子ウルカを包丁で細かく叩き、酒をふりかけておく。
❹浸けておいた焼きナスを適宜に切る。鰹出汁を鍋に入れ、煮立ててナスを入れる。叩いたウルカを加え、塩、ミリン、淡口醤油で味をととのえる。上がりに鮎タデの葉をちぎって仕上げる。
●味付けは濃くならないように気をつけます。

巾着茄子

ふり柚子

❶小さな丸ナスを選び、がくをむき取り、剣山でまんべんなく針打ちする。明礬、塩でもみ込み、そのまま礬塩水に漬け込む。
❷リンゴをスライサーで千六本にして加える。30分間ほど浸けたままにし、手もみする。1時間おく。
❸油で揚げ、色出ししてよく水にさらして明礬を抜く。7対3にウテナを切り、中をくりぬく。
❹ニンジン、シイタケのせん切りを油で煎り、醤油、砂糖で味をつけ、絞り豆腐を入れ、けんちん豆腐を作る。割り卵を加える。
❺色出ししたナスの中に打ち粉をしてけんちん豆腐を詰め、もどしたカンピョウで口を結びガーゼで包む。出汁12、ミリン1、白醤油1、淡口醤油0・2、砂糖1くらいで味をつけ、干しエビを入れて煮る。
❻一度煮ては冷まし、また火を入れて冷ます。これを2～3度くり返して一昼夜おくとおいしく仕上がる。

茄子田舎煮

もみ湯葉

❶千両ナスを包丁で半分に割り、皮目に飾り包丁を入れる。早く均等に火が入るよう、内側にも縦に包丁を入れておく。
❷水にさらし、アクを抜き、水気を取る。
❸赤酒1、砂糖1、玉酒1、淡口醤油1を煮立て、鷹の爪を入れて煮る。
❹ナスを油でさっと揚げる。
❺皮目を下にして煮汁に入れる。落とし蓋をして煮て、からませ、すぐに返し、落とし蓋をして煮詰める。
❻樋湯葉を油で二度揚げして、手でもんで散らす。
●鷹の爪を入れると照りのある詰め煮ができます。

茄子利久煮　柚子

❶焼ナスをウルカ煮の要領で下味をつけておく。
❷玉味噌（白味噌1kg、卵黄12個、酒1合、砂糖２００ｇくらいを火にかけ、練り上げる）に当たりゴマを合わせて胡麻味噌を作る。
❸ナスを適宜に切り、鰹出汁を煮立て胡麻味噌をとき入れ、ナスをさっとからませて煮る。
❹切りゴマ、無塩のあられをふりかけ、仕上げる。
●出汁を多めにして、パールアガー（またはゼラチン）を入れ、流し缶に入れて固めてもよいでしょう。

茄子翡翠煮　おろし生姜

❶長ナスのがくを包丁で取る。
❷１４０℃くらいのサラダ油で揚げ、冷水に取る。
❸皮をむき、縦半分に切り、出汁12に白醤油1、ミリン1、砂糖０・５くらいで干し海老を入れて煮る。
●ナスの皮をトウガンの要領で器のかけら（またはビンのかけら）でむき、水でさらし、塩、炭酸水に浸けてから、油で揚げるか熱湯でゆでるかして色出ししてもよいでしょう。
●ナスは一気に煮て味をつけず、冷ましては煮るを何回かくり返して火入れするとよいでしょう。

梅干し人参

❶金時ニンジンを丸くむき、明礬塩水に一昼夜くらい浸けておく。浸ける間に、梅干しのようにしわがよる。
❷ゆがいてよくさらし、塩気、明礬を抜く。ザルにあげ、風干しし、再度しわがよるまで乾かす。
❸隠し程度の砂糖を忍ばせた八方出汁に南高梅を加えじっくりと煮る。

● 見た目も梅干しに似ており、食べれば梅の風味が良いニンジンになります。口取りや、あしらいなどに使用します。
● 明礬や塩の抜き加減を注意してください。

梅人参

❶金時ニンジンをねじ梅に包丁し、水で洗う。
❷鰹出汁10、酒1、淡口醤油1、ミリン1、砂糖0・8、塩少量、梅干し大2個を入れ、直火煮にする。

● 直火煮にすることによって、根菜であるニンジンの持ち味が味わえるようになります。

蕗青煮

干し子

❶フキの葉をとり、茎をゆがきやすい長さに切り揃える。塩をふり、まな板の上で板摺りする。

❷炭酸塩水に30分浸ける。

❸たっぷりの湯に共汁を少量入れ、色よくゆがく。冷水にとり、さらす。

❹上下から筋をとるように皮をむく。

❺太い部分は二つ割にし、水分をよくとる。

❻酒八方に1時間浸け、適宜に切って新しい酒八方に本浸けして、色が飛ばないようにする。さっと火を入れて、供す。

●板ずりすると色もきれいにあがり、皮もむきやすくなります。

蕗伽羅煮

木の芽

❶水ブキの太く柔らかいものを求め（ツワブキや山ブキでも可）、生にて、皮をむく。

❷ザルへ並べて天日にて一日干して、水洗いする。

❸3㎝くらいに包丁する。

❹鍋に煮笊を敷き入れて、三割醤油にたまり醤油1、砂糖少量を入れ、落とし蓋をして一昼夜おく。

❺落とし蓋を取り、鷹の爪を入れて煮詰める。

●保存が利くため、フキの季節に大量に仕込んでおけます。

芽芋白煮

木の芽

●下ゆで

①芽イモの根元を切り落とし、葉柄をばらし、皮をむいて酢水に落としてアク止めする。適当な幅で縦に切り揃える。

②鍋にたっぷりの湯を沸かし、そこに酢、大根おろしの汁、鷹の爪を入れ、空気に触れないようにゆがく。

③冷水にとり荒熱をとったのち、岡上げする。冷めたら、流水でさらし、アクを抜く。

❶アク抜きした芽イモを数本ずつ経木ひもで結わえ、水気をきる。

❷鍋に酒八方とミリンを合わせ、芽イモを入れ、ガーゼで包んだ煎り米を入れる。落とし蓋をして、しばらく煮含める。

❸炊き上がったら、陶器かタッパーに移し替える。器に合わせて切り揃え、木の芽を天盛りする。

芽芋利久煮

❶芽イモをゆでてアク抜きし、白煮の要領で炊く。３㎝くらいに切り出す。

❷鍋に出汁、すり胡麻、白味噌、淡口醤油、ミリンで利久地を合わせ、先の芽イモを入れ、少量の吉野葛でとろみをつけ、炊く。

芽芋吉野煮

翡翠銀杏　柚子

❶芽イモをアク抜きして炊いたものを、３㎝くらいに切り出す。

❷鍋に白ごま油をひいて熱し、芽イモ、半分に切った翡翠銀杏を入れてかるく炒める。

❸煮物八方を入れて炊き、あがりに吉野葛でとろみ付けし、器に盛る。

編笠柚子

●下ゆで

①黄色く色づいた大きいユズを求める。広バットにおろし金を斜めにのせ、水を入れユズを回しながら、皮の白い部分が顔を出さないように皮面をおろして表面をなめらかにする。

②半分に切り、中の種や薄皮をとり、皮だけにして、米のとぎ水に一昼夜浸けておき、翌日新しいとぎ水でゆがく。

③柚子の苦味や渋味が抜けないと柔らかくならないので、何回も水にさらして苦味を取り去る。

④ザルにあげて、陰干しにする。

❶ユズが乾いたら蒸し器で空蒸しする。

❷平鍋にユズを並べて、はじめは薄蜜で炊き、徐々に濃い蜜で味をつけ直す。

❸柔らかくなり蜜の味が入ったら、別の平鍋に、炊き上げたユズを折れないように二つに曲げて編笠形にして隙間なく並べ、蜜を注ぐ。紙蓋をユズの上にかぶせて木蓋をして半日炊いて、鍋止めする。

❹冷めたらユズを蜜から上げ、抜き板に挟んで、軽い重石をしておくと、編笠形になる。

●焼き物のあしらいや、八寸、変わり揚げ、甘味などに用いる。

鋳込み柚子

菜の花地漬　山葵

❶編笠柚子と同じ要領で下処理し、半分に切って苦味を抜いたユズを用意し、水気をよくきる。

❷中に打ち粉をして、海老のすり身を鋳込む。

❸ひとつひとつガーゼで包み、出汁12、淡口醤油1、ミリン1の煮物八方で静かに煮含める。

❹すり身に火が通れば、鍋止めし含ませる。取り出してガーゼをはずし、器に盛り、温める。銀餡をかけ、菜の花の地漬をあしらい、山葵を添えてすすめる。

菊花百合根

● 下ゆで

①形のよいユリ根を、オガくずから傷つけないように取り出し、流水できれいに洗い、水気をとる。

②茶色の傷や、しみはきれいに薄くむき、掃除する。ユリ根を付け根の方から、三角型の菊の花弁に包丁していき、中心まで形よくむいてゆく。最後に、芽の所の先に菊花包丁をほどこす。

③白く仕上げるため、むいたユリ根は、酢を少し落とした水に浸ける。また、煮崩れを防ぐため、明礬も加える。

❶ザルの上にぬらしたペーパータオル（またはサラシ）を敷き、形を整えたユリ根を根の方を上にしてのせる。

❷ペーパータオル（またはサラシ）で包んで、蒸し器で少し硬めに火を通す。

❸バットに熱い蜜（水1・8ℓ、砂糖400g）をユリ根がかぶるくらい注ぎ入れ、ラップ紙をかけ、6～7分蒸し煮込みし、そのまま冷ます。

● 根の方に火を入れ過ぎるとバラバラに崩れるので、注意しましょう。

● 蜜煮にするほか、白煮にし、炊合せなどにも使用します。

百合根蜜煮

❶ユリ根の外側の大きい鱗片をはがし、大葉百合根をとり、形よく、ふちの部分をぐるっとむき、菊花百合根同様アク止めする。

❷蒸し器で硬めに火を通し、のち蜜煮にする。

●強火で煮たり、長時間煮ると崩れるので注意します。

●熱した金串で焼き目をつける場合は、火を入れる前に行なうときれいに仕上がります。

●白煮のほかに塩蒸ししただけを八寸に用いたり、から揚げして揚げ物など、白さを活かし使用します。

射込み蓮根

車海老　大徳寺麩　モロッコ隠元　柚子

❶レンコンは5㎝くらいに切り、皮をむき、酢を落とした水に入れ、そのまま火にかける。火が通れば、さっと水洗いし、岡上げする。

❷水気が落ちるように立てておき、風が当たらないようにぬれ布巾か、水絞りしたペーパータオルでおおう。

❸海老すり身に絞り豆腐1割を合わせ、全卵を割り込む。道明寺粉をさっと水で洗って湿らせ、海老すり身に1割ほど合わせる。

❹レンコンの穴に打ち粉をして海老すり身を詰め、サラシできつくおおい、蒸し上げる。酒八方で落とし蓋をした状態で煮込む。

❺車エビは塩ゆでしたのち、酒八方に浸ける。

●海老すり身に絞り豆腐を加えることでレンコンのみずみずしさが損なわれません。また道明寺粉が膨張することで、すきまなく詰められます。

●一度油で揚げてから煮てもよいし、てんぷらにしてもよいでしょう。

小倉蓮根

海老　おくら

❶射込みレンコンの要領でゆがいたレンコンを一度酒八方で煮ておく。
❷小豆を水でゆがいて煮上がったら岡上げし、冷水をかける。
❸再び鍋に入れ水を張り、竹皮を入れ、火にかける。あまりもどりすぎないように気をつけて少し甘めに下味をつける。
❹レンコンの穴に詰め、ガーゼで包んでしっかり結ぶ。
❺酒八方に砂糖、淡口醤油で味をつけ、ゆっくりと煮る。
❻オクラの根のところを包丁でむき、均等に火が入るように十文字に包丁目を入れる。粗塩でうぶ毛をこすり取り、水洗いして湯をし、酒八方で煮る。

- 岡上げした小豆に冷水をかけると、皮がやぶけなくなります。
- 竹皮を入れると小豆が早くもどります。
- もどりきっていない状態で詰めることで、レンコンの中で膨張してしっかりと穴に詰まるようにします。

押し蓮根

けしの実

❶レンコンを節ごとに切り分け、丸のまま大鍋に入れる。還元鉄少量をサラシで包み、この鍋に入れる。穴の開いた落とし蓋をして重石を乗せ、たっぷりの水を張る。

❷中火で3日ほどかけてもどす。途中で重石を少しずつ重くしていく。

❸水が5分の1量になったら鰹出汁、昆布を入れ、酒、淡口醤油、ミリンで味をつける。

❹小口切りにする。

蕨含め煮

糸鰹

●あく抜き

①ワラビを氷水に浸け、しゃきっとさせ、根の黒い所を折り水洗いしてザルにあげ、軟毛を細い串でかき取る。

②すり鉢に入れ、ワラビ1kgに対し、一つかみほどの灰（竹、藁、木）をふり入れる。

③両手であまり力を入れずワラビに灰を均等にまぶしつけ、小匙半分程度の炭酸をふり入れ、よく混ぜ合わせる。

④沸騰した湯をワラビの上からたっぷりとかける。ワラビが浮いて空気にふれないように落とし蓋をする。すり鉢のまわりをタオルで巻き、蓋を被せて、密封して一晩おく。

⑤翌日ワラビを引き上げ、もう一度湯をし、水にさらす。

❶アク抜きしたワラビを酒八方に下浸けする。

❷出汁8、酒1、淡口醤油1、ミリン1の八方出汁でさっと煮て、含ます（時間をかけて炊くと締まってしまうので、地浸けの要領で味つけする）。

❸天盛りに糸鰹をのせる。

煮炊き物のポイント

●その1　詰め物をする

野菜などをくりぬいてその中に素材を詰めるのが「鋳込み」仕事。ここではゴボウのような筒状のものに挿すようにして詰める場合は「射込み」と書き分けましたが、どちらもその基本は変わりません。詰め物に火が入って膨張することを計算に入れて、すきまなくぴったりと詰まった仕上がりにするのがこつです。切り分けた断面が美しく、野菜と具の味を同時に楽しめるおいしい料理です。

巾着茄子

（57頁参照）

❶ ナスの皮に剣山で針打ちし、明礬塩でもみ、水に浸ける。千六本に切ったリンゴを加え、30 分間おく。

❷ 手でもんで柔らかくし、1時間おく。

❸ 油で揚げて色出しする。

煮炊き物のポイント　その1

❹ 色が変わらないように、氷水に落として急冷する。

❺ ニンジン、シイタケのせん切りを油で煎り、醤油、砂糖で味をつけ、絞り豆腐、割り卵を加える。

❻ 7対3にウテナを切り、中身をくりぬく。

❼ 内側に刷毛で打ち粉をする。

❽ ⑤のけんちんを詰める。

❾ ウテナで蓋をして楊枝でとめる。もどしたカンピョウで口を結んでもよい。

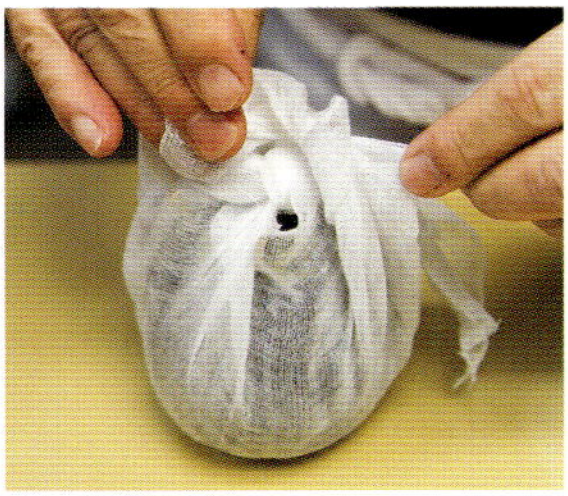

❿ ガーゼで包む。

⓫ 出汁にミリン、白醤油、淡口醤油、砂糖で味をつけ、干しエビを加える。⑩のナスを浸ける。

⓬ ラップ紙をかけて蒸し器に入れる。一度煮ては冷まし、また火を入れては冷ます作業をくりかえし、味をしみこませる。

印籠南瓜

（34頁参照）

❶ 黒皮カボチャの山になったところを削り取って平らにする。

❷ 出刃包丁で茎ウテナの周りに包丁を入れ、抜き取る。中の種を取り出す。

❸ さらに丸のくりぬきで果肉を取り出す。水でよく洗い、ふせて水切りする。

❹ 刷毛で小麦粉を打ち粉する。

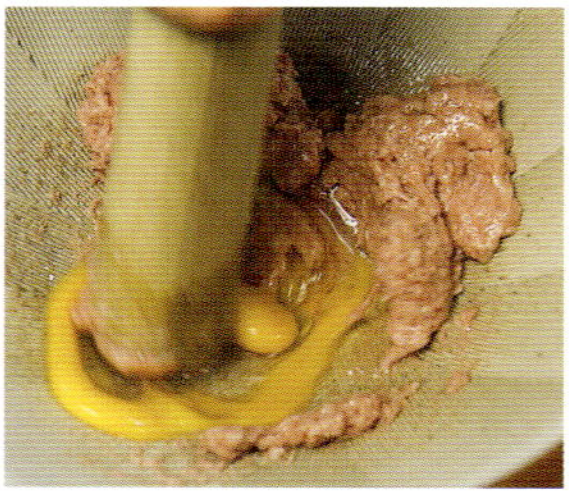

❺ すり鉢に鶏ミンチを入れ、卵を割り込む。

❻ 絞り豆腐、鶏そぼろを加えすり混ぜる。酒、濃口醤油、砂糖で味をつける。

❼ みじん粉をつなぎに加える。

❽ カボチャの中に詰め込む。

❾ カボチャの尻に空気抜きの穴を空ける。

❿ 茎ウテナで蓋をして、楊枝を挿して止める。

⓫ ガーゼで包み、八方汁に入れ、蒸し煮する。

茸

黒皮茸艶煮

みじん粉　針柚子

❶生の物は手に入りにくいため、塩漬のクロカワタケを使う。塩抜きのため3回程ゆでこぼし、さらして塩辛味を抜く。
❷傘の裏側の産毛状の繊維をよく掃除し、水分を飛ばすため、一度空蒸しする。
❸鍋にミリン、酒、濃口醤油、たまり醤油で地を合わせ、空蒸ししたクロカワタケを入れ、鷹の爪を加え、文火にて、3日くらいかけて炊き上げる。
❹切り出し、みじん粉をつけ、香りに針ユズをそえる。
●淡口八方で煮れば、和え物や向付のあしらいなどに応用できます。

香茸照り煮

針柚子

❶コウタケは干したもの（香り、食感共によい）を用いる。ぬるま湯に浸けてもどし、3回ゆでこぼす。
❷水にとり傘の裏毛をすき取る。
❸酒、濃口、ミリン、たまり醤油に鷹の爪を入れて炊く。
●薄味で煮含めれば、和え物、椀盛りの添えなどにいろいろと使えます。

海鼠椎茸

❶大粒の肉厚のシイタケを求め、石突きをとる。３％の砂糖水に1時間程浸けた後、もんでシイタケの腰を抜く。

❷海鼠状にかたどるため芯に大根を抱かせ、タコ糸を形よく巻きつけ、冷凍する。

❸昆布出汁に酒、砂糖、濃口醤油、ミリンで味つけし、煮含める。

●ナマコのような姿に煮たシイタケ。八寸や炊合せなどに使います。

●冷凍することにより、こしこしした食感が出て、ナマコのような歯ごたえも出ます。

椎茸含ませ

❶肉厚のシイタケを求め、石突きをとり、冷凍する。

❷だし12、酒1、淡口醤油1、ミリン1、砂糖、塩少量で1日文火で煮て、２割煮詰める。

●冷凍したシイタケは干し椎茸とはまた違った味があります。また生シイタケが余ってしまっても、ストックがききます。

椎茸艶煮

❶出汁4・5、煮きりミリン1、濃口醤油1、砂糖0・5を合わせて煮立てる。

❷含ませ煮にしたシイタケを入れ、落とし蓋をして煮る。

●味付けは煮詰めて味が濃くならないように、加減します。

松茸ころ煮

❶傘の開いていない、ころ松を用意し、ぬれたガーゼでふいて掃除する。石突きを切る。傘に包丁を入れ、大きめに手で裂く。

❷酒、濃口醤油、ミリン、砂糖で地を合わせ、鍋に入れ、強火でからめながら照りがつくように手早く炊く。

●生のマツタケは風味、歯ざわりを損なわないように手早く調理します。冷凍のマツタケの場合は、味が入りにくいため、じっくりと時間をかけて炊きます。

その2　蒸し煮込みにする

あらかじめ調味した地に素材を浸けて、蒸し器に入れて、蒸して間接的にゆっくりと加熱する方法です。ぐらぐら煮立って素材が踊るということがありませんので、素材が煮崩れることを防げます。ただし、地が煮詰まって味がのっていくということがありませんので、濃い味つけには向きません。蛸に子イモやカボチャを盛り合わせた「芋蛸南京」のような炊合せによく使われます。

桜花長芋

（56頁参照）

❶ 長イモを3cmくらいの高さに切り、割らないように気をつけて桜の打ち抜きで抜く。

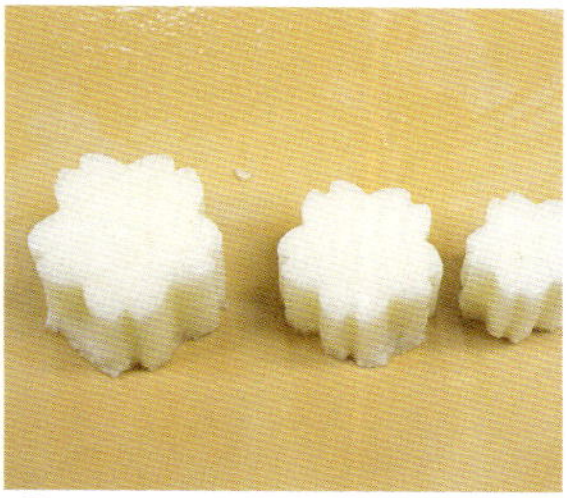

❷ さまざまな大きさに打ち抜いた長イモ。明礬、酢を加えた水に浸け、アク抜きする。

❸ 水洗いして、さっと霜降りする。

❹ 氷水にとったのち、水気をきる。

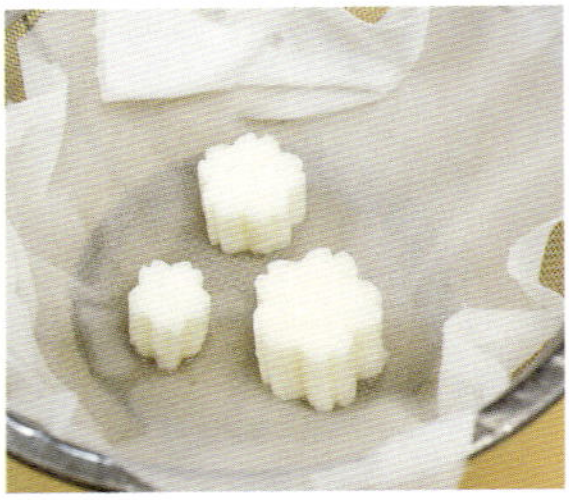

❺ 濡らしたサラシで包み、蒸し器で火を通す。

❻ 酒八方に赤の色粉でほのかな桜色をつけ、蒸し上がった長イモ、香り付けの桜の葉を入れる。

❼ ペーパータオルを落としてラップ紙でおおい、20分くらい蒸し煮込みにする。

❽ 別鍋に煮物八方を合わせておき、長イモを入れ、さっと炊いて椀盛りする。

魚

穴子白煮

筍ぜんまい

●下処理

①アナゴは背開きにして抜き板に背を上にして並べ、熱湯をかける。水に落とし、岡上げする。

②包丁の峰でぬめりをこそげ取り、水気をふき取る。

❶金串で横串を打ち、白焼きする。熱いうちに抜き板に並べ、重石をかけてのばしておく。

❷鍋底に経木を細く裂いて敷き、アナゴを並べる。落とし蓋をして、踊らないように重石をする。玉酒を入れて煮上げる。

❸赤酒、砂糖を加え、味がのったら塩少量を加え、淡口醤油を色づかない程度に加えて仕上げる。鍋止めして、熱が残っているうちに引き上げる。

❹青ゼンマイの煮浸し（１５４頁参照）。薄めた煎り酒、山葵ですすめる。

穴子煮こごり

❶アナゴは白煮の要領で下処理する。鍋底に経木を細かく裂いて数本敷き、アナゴを並べる。

❷落とし蓋をして、アナゴが踊らないように少し軽めの重石をし、鰹出汁４、酒でもどす。

❸砂糖１、赤酒１をさし、少し煮る。濃口醤油０・８、淡口醤油０・５くらいさし、煮立てる。味をみて、土ショウガのスライスを数枚入れ、味をのせる。そのまま鍋止めし、冷ます。

❹煮付けた出汁をすくい取り、一度裏ごしに通し、出汁の濁りを取ってきれいにする。鰹出汁を足して味をみて、玉杓子１杯に対し、パールアガー30〜40gを加える。

❺土ショウガをおろし、絞る。アナゴを適宜に切り、出汁を流し缶に流し、固まりかけた時のタイミングで下味をつけて共汁で洗った野菜（オクラ、枝豆、パプリカ）をそれぞれ流し込む。固まったら適宜に切り出す。

●もともと魚にはゼラチン質が含まれているので、固まる力があります。煮汁を少しカップに取り、氷水で冷やして硬さをみたうえで、パールアガーを加える量を調整してください。

●アコウやタイなど、ほとんどの魚で作れます。またショウガの代わりに梅干しを使ってもよいでしょう。

穴子博多煮

茗荷　木の芽

❶煮こごり（81頁参照）の要領で煮たアナゴを何枚か重ね、重石をかけて仕上げる。共汁をかける。

●変わり鉢などに向いています。

油目煮付

竹の子　木の芽　白葱

●下処理

①アブラメ（アイナメ）は三枚におろして小骨を抜き、ハモの骨切りの要領で飾り包丁する（ハモのように細かくなくてよい）。

②軽く霜降りする。よく水にさらし、水気をふき取る。

❶鍋に玉酒を2杯ほど入れて、赤酒1杯、砂糖0・5～1杯を入れ、梅干し2個を入れて煮上げる。

❷アブラメを入れ、落とし蓋をして炊き上げ、煮汁が半分ほどになったら淡口醤油を0・8杯くらい入れ、味をみて適宜醤油を足す。上がりに下ゆでしたタケノコを入れて仕上げる。

●沢煮にする場合は、鍋に煮切り酒と鰹出汁と梅干しを煮立て、塩で薄味をつけ、アブラメを入れて落とし蓋をし、さっと煮て上がりに淡口醤油を入れます。火を止め、少し含ませてできあがり。好みで赤酒、ミリンを入れてもよいでしょう。

油目揚煮

たらの芽　白葱　木の芽

❶アブラメは煮付の要領で下ごしらえをしておく。

❷小麦粉を鍋で空煎りして香りを引き出し、煎粉とする。卵白をといて小麦粉、卵白、煎粉をつけ、高温で香りがつくようからりと揚げる。

❸鍋に煎り出汁を煮立て、とき片栗粉で少しとろみをつける。アブラメを入れ、さっと煮上げる。

❹たらの芽も油で揚げる。

❺同時に煮上げ、共汁をたっぷり張り、露ショウガですすめる。

●割烹店では空揚げ用に煎粉を用意しておくとよいでしょう。

●この料理は煮付用ほど鮮度のよさは問題になりません。

●揚げたアブラメを煮ないで、揚げ物として煎り出汁と薬味ですすめてもよいでしょう。

油目おろし煮

菜の花　焼き葱　木の芽

❶揚げ煮の要領で出汁を煮立て、アブラメを入れて大根おろしを上にのせ、さっと煮る。

油目東寺巻

青梗菜　針生姜　木の芽

❶下処理したアブラメを生湯葉で巻き、さらに巻き簾で巻く。淡口八方で蒸し煮にする。

❷チンゲン菜は湯をして酒八方に浸けておく。提供時に適宜に切り分け、共汁で煮る。

●割烹店では経木で巻くか、あるいはサラシで巻いて、竹の皮を湯もどししたひもで結び、落とし蓋をした鍋で煮込んでもよいでしょう。

鮎濃漿煮

笹牛蒡　焼き豆腐　とき芥子

❶白焼きした落ちアユを鍋に入れ、薄味の味噌仕立て（白味噌8割、八丁味噌2割）にした出汁をたっぷりと張り、5〜6時間かけてじっくりと煮詰める。骨まで柔らかく、とろっとして旨みのある煮上がりとなる。

❷笹がきゴボウ、焼き豆腐を共汁で煮て、とき芥子ですすめる。

●アユを炊く場合は、落ちアユを使うとよいでしょう。

鮎煮びたし

管牛蒡　木の芽

❶落ちアユは育ってウロコが目立ってきているので、包丁でウロコをきれいにこそげ取っておく。

❷水で洗い、4～5尾を並べて横半分を4本ほど串を打つ。強火で焼き目をつける。

❸上下にタデの葉を並べ、蒸し器で骨が柔らかくなるまで蒸し上げる。

❹玉酒でもどし、濃口醤油、赤酒で中火で煮上げる。

❺ゴボウを4㎝くらいに切って網に並べ、さっと湯をし、水に取る。断面内側の年輪状になったところに一番細い金串を刺し、ゴボウのほうを回しながら芯を抜く。反対側の断面からも金串を刺して回し、芯を抜き取る。

❻ゴボウを鰹出汁に入れ、アユの共汁を加えて味をつける。

●ゴボウは魚の臭み消しになるとともに歯触りがよく、最高の出会いの味です。

●アユを大量に仕入れて焼き上げ、そのまま冷凍保存して小出しにして蒸し上げ、使用してもよいでしょう。その場合は、鍋底にタデの葉を敷いて炊きます。冷凍することによって、骨が早く簡単に柔らかくなります。

●味つけは好みで濃くしたり、飴を加えたりもいたします。

鮎有馬煮

花山椒

❶鍋に切り目を入れた昆布と竹皮を敷き、落ちアユの白焼きを並べる。煮出した番茶と6分の1くらいの量の酒を入れ、落とし蓋をしてアユを柔らかくもどす。

❷さらに番茶で薄めた玉酒少量を加え、赤酒、砂糖、濃口醤油、たまり醤油で味をつけ、実ザンショウを入れて詰め煮にする。最後に浸け汁をかけながら煮て、艶を出す。

❸花ザンショウを水で洗い、水切りをしっかりしておく。捨湯に塩と灰汁少量を入れ、さっと煮て色出しをし、しっかりと水にさらす（1時間以上）。

❹水気をしっかり取り、鍋に入れて玉酒4、淡口醤油1、砂糖1、赤酒1を合わせ、蓋をして強火で煮上げる。煮立ったらすばやくサンショウだけ引き上げ、煮汁を半分ほど煮詰める。

❺花ザンショウを入れてからめ煮とし、味をみてすばやく別の器に移し、急冷する。

あんこう味噌煮

大根　ほうれん草　葱

❶アンコウを吊るし切りとし、七つ道具といわれる部位（白身、皮、胃袋、肝、卵巣、あご、ほお肉）に分ける。

❷白身は切り身にし、霜降りし、水気をとる。肝は塩をあて、蒸して火を入れておく。他の部位は、すべてゆがき、冷水に取りおき、ぬめりと汚れを掃除する。

❸きれいに水分をとり、すべて一度昆布〆しておく。

❹出汁に酒、田舎味噌、白味噌少量、ミリンで味をととのえ、割り下を合わせる。鍋に割り下を入れ、下煮したダイコン、ネギ、アンコウの身をバランスよく入れて煮る。全体に味が入ったら器に盛り、刻みネギなどを添えてすすめる。

● ごま油やコチュジャンなどをお好みで入れても美味です。

鰯味噌煮

大根　菜の花　木の芽

❶大羽イワシの頭、尾、腹を包丁で切り落とし、はらわた、血合いを取り、きれいに洗い、立て塩に30分くらい浸け込む。

❷八丁味噌を玉酒でとき、砂糖、赤酒で味をととのえ、みじんショウガを入れて煮立てる。

❸イワシ1本を3切れくらいに筒切りにし、1度霜降りする。水にさらし、水気をよく取る。

❹煮立てた味噌に入れる。落とし蓋をして煮上げる。

● 立て塩に浸け込むことによって身が締まり、煮崩れしなくなります。

● 青魚は調味料を煮立てておかないと生臭くなります。

鰯卸し煮

焼き葱　木の芽

❶三枚おろしにした中羽イワシを適宜に切り、煎粉（84頁参照）を打ち、サラダ油で揚げる。

❷煎り出汁（酒1、濃口醤油1、鰹出汁5、ミリン1、梅干し2個を合わせ、追い鰹をする）を煮立て、揚げたてのイワシを盛る。3㎝の長さに切った焼きネギを入れて煮上げる。

鰯辛煮

針生姜

❶小羽イワシの頭、尾、腹を包丁で切り取り、きれいに水洗いし、5％くらいの塩水に30分くらい浸け込んでおく。
❷縦に切り目を数箇所入れた経木をぬらして鍋の底に敷き詰める。尾を中心に放射状に3段くらい積み盛りし、落とし蓋をしておどらぬように重石をする。水6、酢4の割合で合わせた酢水をたっぷり張り、30分くらい煮る。
❸骨が柔らかくなったら少し冷まし、そのままの形で水にさらす。
❹塩分が抜けたら玉酒2、濃口醤油1、赤酒1、たまり醤油0・5、砂糖少量で味をととのえる。ひねショウガを粗くせんに切り、たっぷりと入れ、煮つめる。
❺冷めたら、好みでオーブンや扇風機で乾かす。

鰯オイル煮

プティオニオン　鷹の爪

❶カタクチイワシの頭、尾を取り、はらわたを出し、腹側を三角に切り、水洗いする。少し濃いめの立て塩に1時間ほど浸ける。
❷バットにショウガのスライスを敷き、酢をひたひたにかけて、蒸し煮にする。
❸酢を捨て、サラダ油をかぶるくらいに入れ、ラップ紙で密封し、10分くらい蒸し煮にする。
❹ラップ紙を取り、小口に切った鷹の爪を散らし、そのまま冷ます。
❺追い鰹した酒八方で水からゆっくり煮たプティオニオンのスライス、鷹の爪の小口切りを散らす。

●辛煮やオイル煮は保存食として用います。オイル煮は酢味噌やマヨネーズ和えのサラダなどに適しています。

鰯南蛮煮

針生姜

❶丸干しイワシの頭と尾を取り、油で素揚げする。

❷鰹出汁5、米酢2、淡口醤油2、ミリン1、砂糖0・5、うま味調味料少量を合わせ、さっと煮る。

●上に陳皮を散らしてもよいでしょう。

鰯月ヶ瀬煮

❶イワシを辛煮の要領で酢もどしする。梅漬けのシソの葉をさっと水洗いして広げ、イワシを1尾ずつ包み、辛煮の要領で放射状に並べる。

❷落とし蓋をして辛煮の合わせ調味料の分量で煮込んだ後、風干しする。

●青魚を煮る場合は梅干しを入れて煮ると生臭みが少なくなり、また梅の香りが出てよい味になります。シソの葉は洗いすぎないように。月ヶ瀬煮とは和歌山県の梅の名所の地方名からきています。

●風干しすると風味が増します。

鰻印籠煮　木の芽

❶ウナギを4～5本並べ、金串で横串を打ち、白焼きする。毛抜きで挟んで中骨を抜き取る。

❷ゴボウを割って下味をつけ（93頁鰻八幡巻参照）、よく水気を取り、ウナギの長さに揃えて切り分ける。引き抜いた中骨の代わりにウナギの中に射込む。

❸八幡巻の要領で玉酒、砂糖、濃口醤油、赤酒で炊き上げる。

●たまり醤油などを少し入れて仕上げても、別の趣のある味に仕上がります。

鰻辛煮　山葵

❶ウナギは開き、白焼にし、冷ます。3㎝くらいに切り、一度空蒸しする。

❷玉酒2、濃口醤油1、赤酒1、砂糖少量、たまり醤油0・5に2時間ほど浸け込む。鍋に入れて、ゆっくりと文火《とろび》で汁がなくなるまで煮詰める。

●オーブンで乾かしますと佃煮として保存食になります。

●小皿に盛り、ワサビ、切り海苔を添え、茶漬けとしても使用します。

鰻八幡巻

隠元

❶中くらいのサイズのウナギを開いて、中骨を抜き、背ビレ、ぬめりを包丁の背で取る。頭と尾を落とす。

❷ゴボウは皮をこそげ取り、割り箸くらいの太さに切り、酢水でアク抜きしてゆがく。淡口八方で下味をつけておく。

❸ウナギの身が内側にくるようにしてゴボウ4~5本を揃えてのせ、ウナギを巻きつける。竹の皮で4~5ヶ所くくり、一度急速に冷やすと巻いた身が落ち付き、きれいに仕上がる。

❹金串で横串を打って焼き上げる。冷ました後、玉酒でもどす。砂糖、濃口醤油、赤酒で味をつける。

鰻豆腐

針生姜

❶ウナギは軽く蒲焼にして割り箸くらいの太さに切っておく。

❷抜き板の上に、濡らして絞ったサラシを広げて置く。絹ごし豆腐を横半分に薄刃包丁で切り、サラシの上に並べる。上に濡らしたサラシをのせ、さらに抜き板を乗せる。45度くらいの角度に傾けて1時間くらい水切りする。

❸巻き簾にサラシを広げ、水切りした豆腐を並べ、芯にウナギをおく。

❹サラシの端をおこして巻き込み、巻き簾で締める。

❺タコ糸でぐるぐる巻きにして深バットに入れて一度蒸し上げる。

❻蒸し出た水分を取り除き、出汁5、酒3、ミリン1、淡口醤油1、砂糖0・5の合わせ出汁を入れ、再び蒸して、蒸し煮にする。

●抜き板にあまり重い重石をすると、豆腐の香りとおいしさまで抜けてしまいます。自然に水切りするのがよいでしょう。

おこぜすっぽん煮

丁字麩　芽葱

❶オコゼを水洗いし、三枚におろし、上身の骨を抜き去り、薄塩をあてる。
❷頭は梨割りし、中骨とともに霜降りし、汚れとぬめりをとる。
❸鍋に酒をひたひたまで入れ、昆布を加え、煮立てて出汁を入れ、丸仕立ての要領でアクをよくとり旨みを引き出す。
❹昆布を引き上げ、一度漉して鍋にもどし入れ、上身とカマを入れる。塩、醤油で味をととのえ、丁字麩、絞りショウガ、芽ネギにて椀盛りする。

おこぜ肝煮

白葱　木の芽　針生姜

❶オコゼを二枚におろし、尾ビレ、胸ビレを切り分け、霜降りする。
❷氷水にとり、血合い、汚れ、ぬめりを洗い落とす。
❸鍋に入れ、玉酒2、赤酒1・5、濃口醤油1、砂糖にて地を合わせ、落とし蓋をして肝を一緒に入れて強火で一気に炊き上げる。
❹煮汁をかけながら煮詰めて、照りを出す。上がりに白ネギを加え付け合わせる。

鰹なまり煮付

焼き豆腐　蕗　針生姜

❶なまりは、腹骨を取り去り、身を壊さないように掃除する。

❷大きさを揃えて切り身にし、鍋に昆布を敷き、焼き豆腐、なまりを並べ入れる。出汁、酒、砂糖少量で煮始め、濃口醤油を数回に分けて入れる。

❸落とし蓋をし、ショウガ（臭み消し）を入れて、ゆっくり煮含める。

❹蕗青煮（または空豆など）をあしらい、天に針ショウガを盛る。

●なまりは身割れしやすいので、無理に押し切ろうとせず、魚の繊維の方向にそって切り出すとうまくいきます。

●カツオの風味を生かし薄味でこくのある味に仕上げます。

鰹角煮

針生姜

❶カツオを節おろしにし、背身を使って、角切りする。

❷酢を落とした湯で霜降りし、氷水に落とす。引き上げて水気をとる。

❸合わせ醤油（玉酒4、濃口2、赤酒1、砂糖0・5くらい）に一昼夜浸け込み、そのまま煮上げる。泡がたくさん出るので粗目のザルに岡上げし、上から水をかけて泡やアクを洗い流し、冷やす。

❹残りの汁を布ごしして鍋に入れ、カツオ、あられショウガを入れ、味をととのえて火にかけ、中火で炊き始める。

❺弱火で地がなくなるまで、炊く。

●地に甘味を加え、味を加減すれば、惣菜にもむきます。

鯖おろし煮

葱

下処理

①新鮮なマサバを水洗いして三枚におろし、腹骨、小骨を抜き去り、食べよい大きさに切り分け、薄塩をあてる。

②塩が回ったら鍋に水を入れて、先のマサバを入れ、火にかける。75℃くらいで引き上げ、冷水にとり、汚れをとり、掃除する。

❶水分をしっかりとり、一杯醤油で洗い、よく拭いて、打ち粉をして、180℃の油で揚げる。

❷裏ごしに入れて水洗いした大根おろしを鍋に入れ、淡口八方で先のマサバを入れさっと炊く。

- 水から霜降りすると皮が破れず、きれいにできます。
- 霜降りしたのち一杯醤油で洗うことで臭みがなくなります。

鯖味噌煮

白髪葱

❶サバを水洗いして二枚おろしにし、おろし煮同様に水から霜降りする。

❷鍋に玉酒をたっぷり入れ、赤味噌を溶き入れ、一度漉して鍋にもどし入れ、砂糖、赤酒で加減する。

❸先のサバをそっと入れ、ネギのへた、ショウガの皮を加え、じっくり炊いていく。上がりがちょうど錆色になるくらい煮詰めていく。

鯖生姜煮

木の葉生姜　葱

❶サバを水洗いして二枚おろしにし、水から霜降りする。

❷鍋に玉酒2、赤酒2、濃口醤油1、砂糖0・5の地を合わせ、刻みショウガを入れ、落とし蓋をして、煮付ける。

❸途中アクをよくとりながら、照りよく煮上げる。

白魚玉締め

木の芽

❶シラウオを塩水で洗い、頭と尾を包丁で取り、さっとゆがく。

❷小鍋に吸八方を煮立て、シラウオを入れて、溶き卵に三つ葉を入れて、上から流し込む。半熟の状態で火を止める。

●笹がきウドやさばきユリ根、ウスイ豆などを入れてもよいでしょう。いろいろな具の入った玉締めは、吸い物にするのが一般向きです。

白魚艶煮

❶シラウオは一度塩水で軽く洗う。
❷沸騰した湯に、少し甘く感じるくらいの砂糖を入れ、金網すくいにシラウオを入れて湯をする。
❸鍋に清酒を煮立てて、砂糖、塩、水飴少量を入れ、シラウオを手でばらばらとからまないように入れ、すくい上げる。風を当てると透明感のある仕上がりとなる。

●砂糖湯を使うと固く締まりません。
●提供するときは叩き木の芽をふってもよいでしょう。

白魚桜煮

❶シラウオは濃い目の塩水に30分ほど浸ける。水気を取り、包丁で1尾ずつ頭を切り、押さえて尾のほうを引くと、はらわたも取り出せる。経木にていねいに並べておく。
❷ボウルに煮切り酒、塩、砂糖、うま味調味料で味をつけ、食紅で桜色に着色する。
❸大鍋の底に経木ごと入れ、合わせた酒を軽くかぶるくらい入れて煮立てる。上に桜の葉をかぶせて仕上げると桜色をした香りのよい白魚桜煮ができ上がる。
❹経木ごと持ち上げて深バットにそのまま移す。提供するとき桜の葉を取る。

鱸煮付

焼葱　針絹さや　木の芽

❶スズキを適切な大きさに切り、薄塩を30分ほどして霜降りをし、よく水気をきる。

❷鍋に昆布を敷き、スズキを入れ、落とし蓋をして煮立てる。淡口醤油、赤酒で味をととのえ、上がりに焼きネギを入れ、仕上げる。

●打ち粉をしてサラダ油で軽く揚げ、煮上がった淡口八方に片栗粉を薄く引き、油で揚げたスズキを入れ、さっと煮上げて焼きネギを入れ、オランダ煮としてもよいでしょう。

●鰹出汁を加えて吸い汁加減に味をつけ、丸仕立てにしてもよいでしょう。

鱸酒煮

管牛蒡　蓼

❶スズキはウロコをかき、腹を開き、頭を落とす。すべてのヒレを出刃包丁でそぎ取り、2〜3㎝に筒切りとする。

❷霜降りにし、水に落とす。冷まして水気を取り、鍋に一列に並べ、梅干しを数個入れる。昆布をのせ、酒7、水3くらいを合わせ、鍋に注ぎ込む。塩、淡口醤油で味をつける。

❸煮立ったら昆布を取り除き、味をみて、タデをのせて仕上げる。

❹管ゴボウの煮たものを前盛りする。

●前盛りは独活の白煮も合います。

●冷えてから骨を取り、煮汁を出汁で吸い加減にのばし、ゆがいた素麺を盛り込めば冷やし物の一品となります。この場合は煮た椎茸や金糸卵などを盛り込み、ふりユズをします。

鱸霙煮

おくら　木の芽

❶スズキを三枚におろし、腹骨、小骨などを除き、薄塩をして抜き板に並べる。

❷しばらくおき、塩がまわったら5㎝幅に切って小麦粉を打って、から揚げにする。

❸淡口八方を煮立て、おろしたてのダイコンおろしをさっと水洗いし、軽く絞って仕上げる。

●酒煮にしたスズキの上に葛止めしたダイコンおろしをのせ、さっと煮て熱々ですすめるのも非常においしいです。

鯛煮付

牛蒡　生姜　木の芽

❶タイの上身を適宜に切り、皮肌に飾り包丁を入れ、霜降りをしておく。

❷玉酒3、赤酒2を煮立てて、割りゴボウ、梅干しを入れてタイの身を入れ、落とし蓋をして15分くらい煮る。

❸煮上がりに淡口醤油1をさし、5分ほど煮て、泡が小粒になればでき上がり。

●煮ている間に鍋横につく煮汁を、ぬれ布巾を巻きつけた竹箸でこまめにふき取ると焦げません。

●煮魚には生臭みを取るためにゴボウや梅干しなどを入れて炊きます。またスライスしたショウガを加えてもよいでしょう。梅干しは生臭みを取るだけでなく、ほのかな梅の香りが食欲を増します。

鯛潮煮

針独活　木の芽

❶タイの頭を適当な大きさに切り、よく水で洗い、塩をややきつめにして2時間くらい置く。

❷ボウルに入れて熱湯を注ぎ、蓋をして5分くらいおいた後、水を加える。ウロコなどをきれいに掃除する。

❸昆布を敷いた鍋に入れ、水を張り、酒を2割ほど入れる。ゆっくり煮立て、昆布を引き上げ、浮いてくるアクをていねいに何度も取る。

❹2割ほど煮詰め、味が足らなければ塩（酒塩でもよい）を加える。

❺針に打ったウドをのせ、木ノ芽を天盛りしてすすめる。

● 煮すぎると出汁が濁り、使い物にならなくなります。

鯛骨蒸し

紅葉おろし　白葱　青葱

❶タイの頭のウロコをよく取り、内側の血のついた部分などをきれいに洗い落とす。よく水気をふき取り、ふり塩をしておく。

❷器の底に昆布を敷き、タイの頭を入れ、酒塩をふり、蒸し上げる。

❸1割程度の鰹出汁を注ぎ、蒸して提供する。

● 最近はあまり見かけなくなりましたが、徳利型の器を使った徳利蒸しにすると提供しやすく冷めにくく、旅館などでは便利な一品です。

鯛蕪

針柚子

❶聖護院蕪を適当な大きさに切り、煮崩れを防ぐため面取りし、水に浸けておく。
❷蕪を水からゆがいて軽く4割程度火を通す。水に浸ける。冷めたら水分をきっておく。
❸タイは水洗いして三枚におろし、食べやすい大きさに切り出す。
❹頭は梨割りとし、目、口、カマと分け、塩をあてて臭みをぬく。
❺酢を入れた湯で上身とアラをともに霜降りし、ウロコや汚れをとる。タイの中骨は焼いて出汁をとっておく。
❻タイの出汁、酒、水とバランスよく合わせ、タイのアラ、上身を加え、ひと煮たちさせ、アクをひく。躍らせないように静かに炊き、淡口醤油、ミリン、塩であたりをつけてタイの旨みを引き出しながら、味をのせていく。
❼ある程度炊けた所に蕪を加え、紙蓋をして味を含ませる。
❽途中二、三回、鍋止めし、ゆっくりとタイの旨みを蕪にのせる。
❾楽鍋を熱し、鯛蕪を入れ、熱々を針ユズと共に、すすめる。
● 煮汁が濁らないよう静かに炊きます。

鯛荒煮

木の芽　針生姜

❶タイの頭を梨割りにし、湯をする。冷水に落とし、ウロコと眼の裏についている血や汚れをササラなどできれいに掃除する。
❷鍋に適宜に切った割りゴボウを敷き、タイの頭を盛る。落とし蓋をして、玉酒2、赤酒1・5、砂糖0・5ほどを入れて煮立てる。
❸梅干しをさっと洗い、2個ほど加え、強火で煮立てる。泡がたってきたら、たんねんに金杓子ですくい取る。
❹15分くらいして泡が小粒になってきたら濃口醤油を加えて煮詰める。
❺落とし蓋を取り、煮汁を金杓子ですくってタイに二、三度かけて艶を出して仕上げる。器に盛り、針ショウガをのせて、残った汁を最後にかける。

鯛の子炊合せ

蕗　わらび　土筆　花びら百合根　木の芽

❶タイの子の薄皮に包丁を縦一文字に入れ、3等分くらいに切る。
❷霜降りにし、水にさらす。岡上げし、水気をきる。
❸タイの中骨を焼き、出汁に入れ、スープを取る。吸八方よりやや濃い目の味をつけ、タイの子を入れ、ダイコンの輪切り、ひねショウガのスライス少量を入れ、3時間ほど煮立てないでじっくり煮る。

●水にさらすときは、勢いよく水を流さないこと。

鯛の子玉締め

百合根　うすい豆

❶タイの子、ゆがいたユリ根、炊いたウスイ豆などを小さな柳川鍋に入れ、吸い地を張り、煮立てる。

❷煮え頃を見計らって、穴開き金杓子で卵を通し、さらにウスイ豆を散らし、半熟になったら火からおろす。

●炊いたタイの子のばらけたもの、または端切れなどを使って廃物利用に。

●ウスイ豆のほか、笹がきウドやフキの青煮を散らしてもよいでしょう。

鯛の子直煮

菜の花　生姜　木の芽

❶タイの子は切り開かないでそのまま湯をし、水にさらす。

❷鍋底に経木を縦に裂いたものを数枚敷き、水気をよくとったタイの子を入れる。玉酒5、赤酒1・5、砂糖0・5を入れて落とし蓋をして煮立て、粗いせんに切ったショウガを散らす。

❸煮汁が半分くらい煮詰まったら、濃口醤油を0・8くらいさし、さらに煮詰める。味をみて、さらに醤油をさし、味をととのえる。

たらこ旨煮　木の芽

❶タラコの筋に添って軽くなぞるようにして血抜きをし、薄塩をあてておく。なじんだら水でさっと洗い、水気をやさしくとる。
❷濡らした薄い経木でタラコを巻き、経木ひもで結わえて形をそろえる。巻いた上から数箇所針打ちし、味が入りやすいようにしておく。
❸鍋に玉酒を入れて火を通し、アクを取り去り、砂糖、醤油、赤酒で味をととのえ、じっくり煮ていき、仕上げる。
●直煮する場合は経木で巻かず、霜降りしてから、荒炊きの要領で絞りショウガを加え強火で炊き上げます。

鰌柳川　三つ葉

❶開いたドジョウをさっと霜降りしてぬめりをこそげ取り、出汁2、酒でもどす。濃口醤油1、赤酒1で下味をつけておく。
❷新ゴボウを笹がきにして、水にさらす。アクを抜き、水気を絞って鍋に敷く。
❸ドジョウをのせ、煮汁を3割ほど出汁で薄め、煮立てて全卵を共汁で少しうすめ、上からとき流す。三つ葉を散らし、粉サンショウをふる。
●ドジョウは小さい上に三角骨があり、開くのが難しい。中骨が身に残ってしまうと口に当たって食べにくくなるので、川魚の専門店にまかせるとよいでしょう。
●ハモやアナゴで仕立ててもよいでしょう。

鰌地獄鍋

生姜　木の芽

❶開いたドジョウを鰌柳川と同様に下処理し、下味をつけておく。
❷絹ごし豆腐と重ね、四角く切り出す。
❸小鍋に入れて濃口八方で煮る。

●閻魔大王の地獄の釜炊きからきています。活けのものを使うときは、絹ごし豆腐で一杯になるような大きさの小鍋を選び、なるべく小さいドジョウを入れて蓋をし、しばらくおいて豆腐の中にドジョウがもぐるのを待ちます。それから冷えた濃口八方を入れて蓋をし、煮立てて炊き込みます。

鱧巻き

茗荷

❶トウガンは少しぶ厚めに柱むきして、炭酸塩をすりこみ、さっと湯通しする。水によくさらして水気をきっておく。
❷ハモは開き、骨切りして、よくぬめりを取る。3㎝くらいに切り落とし、皮目を上にして酒塩を霧吹きに入れ、吹き付ける。
❸皮目を内側にしてぐるっと巻き込んで焼き上げる。
❹ハモを芯にしてトウガンで巻いて爪楊枝で止め、出すぎたところを切る。
❺白味噌をかくし味に少量加えた八方出汁で煮込む。

鰤大根

水菜　生姜

❶薄塩をして1時間くらいおく。霜降りをし、岡上げする。
❷ダイコンは厚めの桂むきとし、立て塩に浸け、しんなりしたら岡上げする。水気をよく拭き、ダイコンを広げ、ブリをのせ、鳴門巻とし、サラシで包み、タコ糸で十文字に結ぶ。
❸鰹出汁と煮切り酒、塩で文火《とろび》でゆっくり落とし蓋をして煮込む。浮いてきたアクはこまめにすくいとる。
❹竹串がすっと通るようになったら淡口醤油をさして仕上げる。

鰤酒煮

芥子　生姜

❶酒を煮立て、赤酒を4分の1くらい加え、淡口醤油少量をさす。霜降りしたブリの切り身を並べ、落とし蓋をし、煮上げる。

諸子甘露煮

針独活　柚子

❶モロコを串にさして中火でこんがりと両面焼き、白焼きとする。

❷鍋に敷きザルを敷き、モロコを放射状に並べ、梅干しを数個入れる。落とし蓋をして、モロコが鍋中で踊らないようにするため重石をする。

❸ひたひたより少し多めの玉酒を入れ、酢を盃一杯程落として火を入れる。

❹水飴、赤酒、濃口醤油で調味し、煮詰まるまで充分に熱を加え骨まで柔らかくなるように、気長に炊く。地が少なくなってくれば落とし蓋をはずし、残りの地をかけながら、照りをだして煮上げる。

その3　煮つめて味をのせる

煮付けは蒸し煮込みとは逆に、煮汁を蒸発させて味を煮詰めていく技法です。蒸し煮込みが味をゆっくりしみ込ませるのに対し、煮つめた煮汁に付けながら食べてもらう料理なので、あまり味をしっかりつけず、煮汁も照煮ほど煮詰めません。そのため味が濃くならないように、醤油は何度か分けて加えます。なお料亭や旅館のような大きな店では、事前に大量に仕込んでおかなければなりません。鍋の大きさが異なれば、熱の回り方や蒸発量が違いますし、もう一度温めて提供することを考えて味をつけなければなりません。

鯛荒煮

（１０４頁参照）

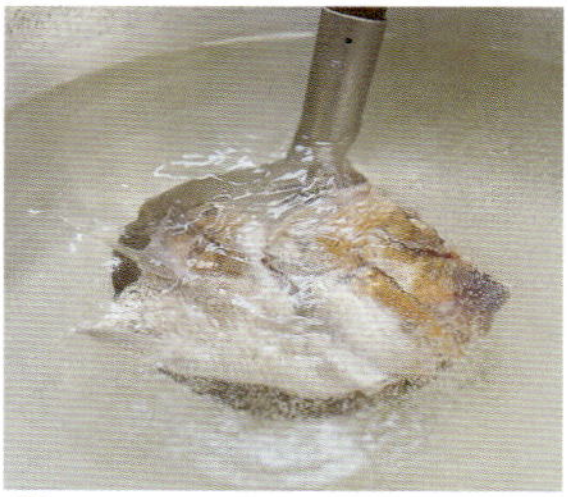

❶ 鯛の頭を霜降りして掃除して、４時間くらい水にさらしておく。

❷ 鍋の底にゴボウを敷き、鯛の頭を入れ、玉酒と塩、梅干し、赤酒を加える。

❸ 経木をかぶせ、落とし蓋をのせる。

煮炊き物のポイント　その3

❹ 強火にかけ、ういてきたアクをすくう。

❺ 途中で醤油を加える。

❻ 鍋の縁にはねた煮汁が焦げつかないように、時々布巾でふきとる。

❼ 二度目の醤油を加える。

❽ 25 ～ 30 分間煮る。泡の大きさで煮汁の煮詰まり具合を判断する。

❾ たまりを加える。

❿ 高いところから煮汁をかけながら煮詰めると、艶が出てくる。

鯛煮付

（101頁参照）

❶ 玉酒、砂糖、煮きりミリン、赤酒、濃口醤油、梅干し、ゴボウを合わせた地にタイの切り身を入れる。

❷ 落とし蓋をして、10～15分間煮る。

❸ 小さい泡が半分くらいに減ってきたら淡口醤油を加える。

❹ 鍋の縁にはねた煮汁が焦げつかないように箸に巻きつけた布巾でふき取る。

❺ 完成。調味料は濃口醤油とミリンを使わず赤酒だけで仕立ててもよい。その際も甘さと辛さの比率は２対１程度が目安。

貝・蛸・烏賊・海老・蟹

赤貝苺煮

木の芽

❶アカ貝を流水でよく洗い、殻をはずし、ひも、身を取る。塩で揉み洗いしてぬめりをとり、流水でよく洗い、水気をとる。
❷苺に包丁し、ひも、身をさっと霜降りする。
❸鍋に酒を煮立たせ、生ウニを入れ、さっと火を通す。そこに赤貝を入れ、ウニが崩れないように、合わせ炊く。
❹味加減を見て淡口醤油を数滴落とし、炊き上げる。
●雲丹の甘味を生かして仕上げます。炊きすぎてアカ貝がしまらないようにさっと手早く仕上げるようにします。

赤貝芥子煮

木の芽

❶赤貝苺煮同様にアカ貝を下処理する。
❷鍋に煮切り酒、赤酒、淡口醤油で加減した地に芥子をとき入れ、アカ貝を入れて手早く煮る。

鮑大船煮

三度豆

❶大豆を焼き目がつく程度軽く煎り、水洗いする。一昼夜水に浸け、もどしておく。

❷アワビ（ビワ貝）をタワシで洗い、大豆、ダイコンの輪切りとともに鍋に入れる。たっぷりの水を張り、酒3割、塩少量を加える。

❸柔らかくなったら赤酒、砂糖、濃口醤油を2回に分けて加えて味をつける。煮詰めた後、大豆とともにアワビを盛りつける。

❹サンド豆をゆがき、淡口八方を加えてさっと煮る。2㎝ほどに切り、アワビの上に散らす。

鮑苺煮

わらび

❶塩洗いしたアワビをそぎ切りにする。

❷酒を煮立ててウニとともに早煮にする。

●ウニの香りと出会いの品。ウニをつぶして一緒に煮立ててもよい。

鮑磯香煮　若布　木の芽

❶アワビはタワシでよく洗い、おろし金の柄を貝殻の内側に差し込み、身を殻からはがす。

❷鍋に入れて水を張り、酒2割を加え、ダイコンの輪切りを入れ、落とし蓋をして5時間ほど煮る。

❸柔らかくもどったら煮汁をきれいに漉し、赤酒1、淡口醤油でじっくり煮込んで味をつける。食べやすい大きさに切り分ける。

❹色よくもどして下味をつけたワカメをみじんに切り、上にのせて仕上げる。

鮑びんろう煮　うすい豆

❶白味噌仕立ての味噌汁に酒2割、赤酒少量を加えてやや薄味に仕立てる。

❷殻からはずしたアワビと、20分の1量の洗い米をたっぷりの味噌汁に入れる。5時間かけてゆっくり煮詰めると艶のある煮貝ができる。

❸あがりに下味をつけたウスイ豆をのせ、さっと煮込む。

鮑江ノ島煮

❶酒2割、赤酒少量を加えて薄く仕立てた白味噌汁にアワビを入れ、落とし蓋をして、じっくりと文火《とろび》で煮詰める。

❷ヒタヒタになったら引き上げて腸をはずし、裏ごしにかけて鍋に戻し、練り上げる。

❸アワビを切り分け、練った腸をかける。

●別の仕立て方

白味噌を酒、出汁、赤酒で練り、とろりとさせる。アワビの腸を裏ごしにかけて練り上げた白味噌と合わせておく。柔らかくもどしたアワビを八方出汁で煮て味をつけ、煮詰める。上がりに先ほどの腸味噌を入れ、とろりと仕上げる。

飯蛸

豌豆　蕗　木の芽

❶イイダコの頭の裏側より墨を抜き取り、ボウルに入れ、米糠を少量入れてもみ洗いしてぬめりを取る。水によくさらしてきれいに洗い、頭、目を切り離す。

❷足は４本ずつに切り、湯をして、水にさらした後、水気をとっておく。

❸頭の中の飯が出る恐れがあるので、爪楊枝で十文字に止めておく。

❹出汁４、酒２、赤酒１、砂糖０・５〜１を合わせ、２割ほど煮詰めて冷ましておく。

❺冷めた出汁にイイダコを入れ、落とし蓋をして上にまた木蓋をして密閉する。中火で煮上げ、火を止め、５分くらい鍋止めしてむらす。

❻イイダコだけ岡上げする（風をあてないようにぬらしたペーパータオルを絞り、上にかけておく）。共汁を約２割ほど煮詰めた後、冷やし、冷めたら岡上げしたイイダコを１〜２時間浸け込む。

烏賊大根鋳込み

❶スルメイカの胴と足を分け、軟骨の筋を取り、中をきれいに水洗いする。ダイコンは千六本に包丁する。ニンジンは３㎜のさいの目切りにし、それぞれ下味をつけておく。

❷ダイコン、ニンジンを合わせ、つなぎに水漉しして酒八方で下味をつけたおから、腰きりした卵白をまぜ、イカの胴に鋳込んで、口の部分を楊枝で止める。

❸ガーゼで包んで蒸して固め、冷ます。

❹三割醤油にイカのごろを混ぜた地で煮付ける。切り口を見せて盛り付け、針生姜を添える。

烏賊白煮

❶甲イカの皮を除き、３㎝くらいの幅に切り分ける。表側に松毬包丁し、食べやすい大きさに切る。

❷１２０℃くらいの油で油霜し、油抜きした後、出汁、酒、塩、赤酒、淡口醤油で地を合わせ、煮立たせ先のイカを軽く炊く。

❸イカを取り出し、葛で少しとろみづけし、イカをもどし入れて、地をからませる。天盛りに木の芽を添える。

伊勢海老西京煮

しめじ　蕪　麩　青菜　柚子

❶伊勢エビを梨割りし、3、4つに割り、霜降りする。
❷鍋に出汁、酒、白味噌で割り下を合わせ、裏ごしで3度通す。
❸先の伊勢エビを入れ、さっと火を通す。
❹小鍋に伊勢エビ、下煮した蕪や南禅寺麩、シメジ、セリなどを盛り込み、赤酒、淡口醤油で加減した味噌地で煮る。香りはユズ。好みでバターを落としてもよい。

伊勢海老具足煮

独活　木の芽

❶伊勢エビを二つ割りにし、片身を頭と胴に分け、霜降りする。
❷味噌が流れないように注意し、氷水に取り、水分をとる。
❸鍋に出汁8、酒1、ミリン1、淡口醤油1、砂糖少量で地を合わせ、伊勢エビを量に合わせて入れ、味をのせて炊く。
❹途中で伊勢エビを引き上げ、身をおこし、食べやすいように包丁し、殻にもどし入れる。
❺地を2割煮詰め、再度鍋に伊勢エビを入れて煮る。味がのったら、絞りショウガを落とし器に盛る。ウドをあしらい、木の芽を添えてすすめる。

貝柱旨煮

❶ホタテの殻をあけ貝柱を取り出し、掃除して水洗いし、霜降りする。よく水気をきっておく。

❷鍋に酒、砂糖、赤酒、濃口醤油を合わせ入れ、味をととのえ、火にかける。沸いた所に先の貝柱を入れ、火を通す。

❸一度引き上げ、地だけを焦がさぬように煮詰め、貝柱をもどし入れる。地をからませて上がりに実山椒の醤油煮を加え炊き上げる。

貝柱黄身煮

菜の花　木の芽

❶貝柱に小麦粉をまぶし、とき卵黄にくぐらせ、たっぷりの八方出汁で炊き、火が通れば引き上げて、別鍋に入れておく。

❷そこに新しく味つけした澄んだ八方出汁を注ぎ、含ませておく。

❸器に貝柱の黄身煮を盛り、蒸し温め、共汁を張る。菜の花の地浸けをあしらい、木の芽を添える。

牡蠣時雨煮

針生姜

❶カキのむき身を大根おろしでもみ洗いし、殻などがつかないように掃除をし、熱湯に入れて霜降りする。

❷すぐに冷水にとって冷やし、取り出して水分をとっておく。

❸鍋に三割醤油、砂糖を加え、加減をみて火にかけて沸かす。

❹先のカキを鍋に入れ、ショウガの絞り汁を落とし、カキに火を通す。

❺一度カキを取り出し、地だけを詰めてカキをもどし入れ、艶よく煮上げる。冷まして器に盛り、針ショウガを添え、すすめる。

● 絞りショウガの代わりにみじんショウガを加えてもよいでしょう。

牡蠣味噌煮

豆腐　葱　青菜　柚子

❶カキのむき身を大根おろしで掃除し、薄い塩水で洗い、霜降りする。

❷小鍋の縁に調味した味噌（白味噌7、赤味噌5、ミリン、酒）をぬり、具材、先のカキ、豆腐、ネギやセリなどを盛る。

❸煮切り酒、出汁を半々に合わせた地を注ぎ、炊きながら味わう。香りはユズ。

海老黄身煮

うすい豆ゼリー寄せ　独活　たらの芽

❶車エビの背ワタを包丁でこそげ取り、背開きにし、よく水気を取る。

❷卵黄に片栗粉をとき入れ、硬さを調整して衣を作る。エビに小麦粉をつけ、衣をくぐらせ、中温のサラダ油で揚げる。

❸八方出汁で落とし煮にする。落とし蓋はせず、直流で煮てひねショウガのスライスを上がりに落とす。

❹ウスイ豆の青煮（26頁参照）の煮汁にパールアガーを煮溶かし、容器に流して冷やし固める。

❺タラの芽のハカマをむき、根元のところを包丁でていねいにむきそろえ、さらに断面に十文字に包丁目を入れる。塩少量の熱湯で湯をする。水にさらした後、酒八方に1時間浸け込んだのち、八方出汁に本浸けする。独活の白煮（27頁参照）とともに盛る。

●エビの黄身衣は、あまり躍らせて煮ると分離するので注意します。

海老丸

独活　蕨　桜麩　木の芽

❶車エビの頭、尾を取り去り、背ワタを取り、薄い塩水でさっと洗う。よく布巾で水気を取り、出刃包丁で細かく叩く。

❷塩、ミリン、淡口醤油で少し下味をつけ、丸に取り、風をあてないように少しおく。

❸八方出汁（だし8、淡口醤油1、ミリン1、砂糖、塩少量）を煮立て、落とし煮とする。露ショウガを少量落とす。

❹ウドを下ゆでし（27頁参照）よく水気を取り、軽く塩をふる。酒八方にミリン1、淡口醤油少量を加え、さらにさし昆布をし、味をつける。岡上げして冷まし、同じ味の八方出汁に本浸けする。

蛸小倉煮

❶タコの足をボウルに入れ、ダイコンおろしでもみ込み、さっと水洗いする。一度霜降りし、水に落とした後、水気をよく取る。

❷小豆を一昼夜水に浸け、水からゆで、かごに岡上げする。すばやく冷水をかける。

❸小豆を深バットに敷き、タコが重ならないよう並べ、鰹出汁と酒を同分量入れる。昆布をのせ、鰹節を取り、残った出汁の4分の1くらいの赤酒1、砂糖0・5、水飴少量、濃口醤油1、たまり醤油少量を加え、2時間ほど蒸し煮にして冷ます。

❹共汁を取り出し、2割ほど煮詰め、味をみてタコを浸け込む。

蛸柔らか煮

❶タコは小倉煮の要領でもみ込み、霜降りして水気をよく取る。

❷鰹出汁3、酒3、赤酒1、砂糖1、濃口醤油1を煮立て、2割くらい煮詰め、冷ます。深バットにタコを並べ、合わせ汁を入れる。ダイコンのスライスを適量入れ、ラップ紙を2重に張り、しっかりタコ糸で止める。2時間ほど蒸し、冷えるまでそのまま冷ます。

●ゆでタコを用いる場合、サイダーやコーラを玉酒の半分量入れ、半日煮ると柔らかくなります。この場合、濃口八方を2割煮詰めたくらいの味をつけます。

蛸の子含ませ煮

三度豆

❶タコの子は薄皮に包丁を入れて皮をひっくり返し、卵を表に出す。ゆっくりと湯をして冷水に落とす。

❷水にさらして臭みを取り、岡上げして水気をきる。

❸1個ずつガーゼで包み、タコ糸でくくり、鍋に入れ、鰹出汁10、酒1、ミリン1、淡口醤油0・5、塩ティースプーン1くらいを目安として、煮る。

●タコの子を大量に入手した場合、湯をする時に八分ゆがき程度とし、蒸し器で蒸して冷凍するとよいでしょう。蒸す場合、2〜3㎝の竹筒をふたつに割ってタコの子を詰め、先にダイコンを詰めてガーゼで包みます。または竹筒の代わりにサラシで包み、巻き簾で締めてもよいでしょう。

寄せ蛸の子

干しずいき　三度豆

❶含ませ煮にしたタコの子を一度ほぐし、全卵に半分量の卵黄を入れ、合わせる。よく混ぜ、ほぐしたタコの子を同分量くらい合わせる。
❷竹筒に流し、サラシでくるみ、タコ糸でさらにくくる。八方出汁で煮込む。
❸昆布を天上昆布の要領で煮て（１５２頁参照）雁形の打抜きで打ち抜いて月見の風情を出す。
●サラシで丸めてボール形にしてもよいでしょう。

床節早煮

木の芽

❶トコブシをすり鉢に入れ、水を少量入れ、がらがらとこすり、水に流す。
❷さっと湯通しして、出汁3、酒3、砂糖1を煮立て、トコブシを入れる。淡口醤油０・５、濃口醤油０・５を入れ、さっと煮る。
❸岡上げして、風が当たらないよう水で絞ったペーパータオルをのせておく。共汁が冷めたらトコブシを浸けておく。
●白味噌と大豆を入れて大船煮としてもよいでしょう。

ばい貝木の芽煮

❶バイ貝に金串を刺して殻から身を取り出し、縦にスライスして葛を打つ。

❷煎り酒を煮立てて、手早く身を入れ、酒煎りする。塩と淡口醤油で薄味をつけ、叩き木の芽を上がりにふる。

●バイ貝は酒と相性がよい素材です。

ばい貝酒煮

❶バイ貝を殻ごとタワシできれいに洗い、昆布を敷いた鍋に貝を並べ、貝が半分くらいつかるまで酒を注ぐ。落とし蓋をして煮立てる。

❷塩で味をととのえ、上がりに露ショウガを落とす。

蛤お染煮

あられ　木の芽

❶ハマグリの貝殻同士を軽く打ち合わせて澄んだ音がするものだけを選ぶ。砂出しのために備長炭や、古釘などとともに水に浸けておく。

❷ナイフで開いて身を出し、汁は漉してとりおく。

❸鍋に酒を沸かし、むいたハマグリの身を入れ、さっと火を通しハマグリを引き上げる。

❹汁の中に先の漉し汁を入れ、赤酒、砂糖、たまり醤油、白味噌少量で味をつけ、詰め煮する。

●長く煮続けるとハマグリがしまってしまうので注意しましょう。

蛤潮煮

独活小原木　木の芽

❶鍋に昆布と水、酒を入れ、そこに砂だししたハマグリを入れ、殻が開いたものからすぐに鍋から取り出す。殻から身をはずす。

❷鍋の汁をこして別鍋に移し、昆布出汁に、酒、塩で味をつけて汁とする。

❸椀にハマグリの殻、身を盛り、千六本に包丁したウドを三つ葉で結び、小原木としたものをあしらい、木の芽ですすめる。

姫烏賊桜煮

針生姜

❶姫イカを水洗いし、胴と足に分けて、軟骨の筋を抜き去り、墨袋を取る。
❷掃除した足を胴に詰めて、楊枝で止める。
❸酒、淡口醤油で手早く早煮し、ほのかな桜色に煮上げる。

蛍烏賊桜煮

針生姜

❶ホタルイカの眼、口ばし、背の軟骨を抜き去る。
❷酒、淡口醤油で手早く煮て桜色のほのかな色を出す。
●タコの代わりにホタルイカを使った桜煮です。

渡り蟹西京煮

針生姜

❶雌のワタリガニを求め、裏返してハカマをとり、ササラを使って殻をきれいに水洗いする。甲羅をはずし、ガニ（えら）を取り去り、半分に割り、斜めに三つほどに切り分ける。

❷蟹の味噌が流れないようにさっと霜降りし、冷水にとる。水気をきっておく。

❸鍋に出汁、酒、白味噌、淡口醤油、かくしミリンで地を合わせ先のワタリガニを入れ、火が通るまで炊く。炊いた出汁と共に器に盛り付ける。

その4　経木の役目

経木（へぎ板）や竹の皮は物を包むのに使うだけではありません。鍋底に敷くことで、素材が焦げ付くのを防げます。この場合、細く裂いたり、切り込みを入れることで、鍋底から沸きあがった泡で浮き上がらないようにします。また素材を経木の上にのせておけば、余分な水分をちょうどよい具合に吸収してくれるし、そのままの状態でそっと移動すれば、形が崩れません。

白魚桜煮

（99頁参照）

❶ 濃い目の塩水30分ほど浸け、頭と内臓を取ったシラウオを経木にていねいに並べておく。

❷ 煮切り酒に塩、砂糖、うま味調味料で味をつけ、食紅で桜色に着色する。

❸ 大鍋の底に経木ごと入れ、合わせた酒を軽くかぶるくらい加える。

❹ 上に桜の葉をかぶせる。

❺ 軽く煮立てる。崩さないように経木ごと持ち上げて取り出す。

肉

鶉真丈

蕪　畑菜煮合せ　柚子

❶すり鉢にすり身を入れ、昆布出汁、浮き粉、卵でのばして下味をうすくつけておく。

❷ウズラのミンチを求め、すり鉢で、昆布出汁、浮き粉をすり合わせ、白味噌、濃口醤油、ミリンで薄味をつけたところに、先のすり身と合わせ、ウズラのしんじょう地を作る。

❸昆布出汁に葛を引き、ミリン少量と淡口醤油で加減した汁にしんじょう地をスプーンですくい落とし、煮込む。

❹器に蕪の含め煮、畑菜の浸しを入れて温め、鶉真丈と合せ盛る。香りに針ユズを添える。

鴨ロース

独活　白髪葱　クレソン　芥子

❶合鴨の胸肉を掃除し、筋をとり、フォークで針打ちする。フライパンで皮目を焼く。
❷霜降りにして、油抜きし、水気をとる。
❸ミリン、酒、濃口醤油で地を合わせる。バットに皮目を下にして地を入れ、ラップ紙でおおう。
❹8分くらい蒸したら取り出し、身を裏返して、再度7分蒸し煮にする。
❺地から出し、身に傷がつかないように串を刺し、冷めるまで血抜きする。
❻地を冷まし、浮いた油を取り除き、胸肉を地浸けし含ませる。切り出して独活白煮、クレソン、白髪ネギを添え、芥子をつける。

鴨治部煮

椎茸　焼葱　簾麩　山葵

❶鴨の胸肉をそぎ身にし、身の側に小麦粉をつける。
❷出汁6、酒1、ミリン1、濃口醤油1を合わせ、汁が煮えてきたら身を入れて直煮する。
❸大椀に下味をとった簾麩、焼ネギ、シイタケなどを合わせ盛り、ワサビを添えてすすめる。

牛生姜煮

針生姜

❶牛肉のスライスを一度霜降りし、水に落とし、水気をとる。

❷鍋に玉酒、砂糖、濃口醤油、ミリン、ショウガの絞り汁を入れて沸かす。

❸先の牛肉を入れ、炊いてひと煮たちしたら、ザルに上げる。

❹鍋の地を鍋肌が焦げ付かぬように煮詰め、味加減を見る。牛肉をもどし入れ、艶よく炊き上げる。天に針ショウガをのせ、すすめる。

牛大和煮

針生姜

❶牛肉の赤身の塊を角切りし、霜降りして、水気をとっておく。

❷マイタケをみじん切りにし、鍋に入れ水を加えて、煮立たせ、漉してエキス汁をとる。その汁で先の牛肉をネギのへたやショウガの皮などと一緒に浸け込み、柔らかくもどす。

❸もどし汁適量と酒、砂糖、濃口醤油、かくしに赤味噌、粉サンショウを入れ、甘辛く、地がなくなるまで、焦がさぬように煮詰める。

●マイタケの酵素作用で牛肉が柔らかくなります。

すっぽん鼈甲煮

葱　針生姜

●もどし方

①スッポンを六つほどきにし、人肌より少し熱い湯に浸け、薄皮を取り除く。

②酒6、水4に昆布を入れ、身をもどす。

❶下煮したスッポンの身を鍋に入れ、スッポンのスープ、焼ネギを入れて火にかける。

❷沸いてきたら地の甘さをみて、赤酒、砂糖を加え、しばらく煮たあと濃口醤油を加え、強火で煮ていく。スッポンに味をよく浸み込ませながら、艶よく煮詰めていき、上がりにミリン少量で照りを出す。ショウガ汁少量を落とし、仕上げる。

●ミリンは最初から入れると身がしまるので仕上げに入れます。スープの旨みを戻すような感じで味が濃くならないように炊きます。またはじめに赤ワインを加えて甲州煮にしてもよいでしょう。

すっぽん煮凝り

大葉　生姜

❶スッポンをさばき、もどしておく。
❷火が通ったら身を取り出して骨を抜き去り、炊いたスープと淡口醤油、ミリンで味をつけて小さく切っておく。
❸スープに先の身、針ショウガを入れ、寒天、ゼラチンを加えて炊く。味を加減し、流し缶に流す。
❹冷蔵庫に入れて冷やし固める。器に合わせて切り出して盛る。
❺煎り出汁をかけ、天に刻んだ大葉ジソを添える。

若鶏落とし煮

葉牛蒡　木の芽

❶若鶏は胸肉を細切りにする。軽く小麦粉をまぶし、濃口八方で落とし煮とする。
❷葉ゴボウは葉と茎を切り分け、塩湯をし、水にさらし、アク抜きする。
❸それぞれ適当に切り分け、サラダ油でさっと炒め、鰹出汁を入れ、八方煮としておく。提供する時に鶏と同じ鍋に入れてさっと煮る。

若鶏丸

こごみ　木の芽

❶若鶏の胸肉を二度挽きして、絞り豆腐を2割加え、浮き粉を足して耳たぶくらいの固さに調節する。

❷すり鉢でよくすり、卵黄を1～2個とき入れる。白味噌、淡口醤油、酒、ミリンで薄味をつける。

❸サラダ油を少量つけた左手で取り、親指と人差し指の間からにぎり出し、スプーンで丸に取る。

❹沸騰した淡口八方に落とし、浮き上がったら穴あきバットにすくい取った後、蒸し上げる。

❺煮汁は一度漉して、ひねショウガのスライスを少量加える。

❻コゴミは固い根のところを切り取り、巻き込んだ若芽の伸びすぎた葉先を摘み取り、湯をする。八方出汁に浸け込む。

● コゴミはくせがなく、浸しやゴマ和えなど何にでも向きます。

豚角煮

馬鈴薯餡　クレソン　芥子

❶色よく艶よく仕上げるために、皮付きの三枚肉を求める。適当な大きさに切り出した後、フライパンで焼き目をつける。

❷鍋に処理した三枚肉を入れ、おかゆでもどす。油も抜け、赤身ももっちりとあがる。

❸湯にさらし、水に浸け換え、水分を取る。

❹鍋に処理した三枚肉を並べ、濃口八方に黒砂糖を加え、ネギのへた、ショウガなどと一緒に煮て、艶よく仕上げる。

❺ジャガイモを蒸して裏ごしした物に豆乳、白味噌で味をととのえた餡をかけ、芥子、クレソンを添え、共地餡をかける。

その5　二枚蓋で密閉する

圧力鍋のなかった時代に考案された、同様の効果が得られる方法です。素材と地を鍋に入れ、落とし蓋をします。さらに鍋の縁を目張りするように布巾で巻き、その上に蓋をして蒸気を逃がさないようにします。煮汁が煮詰まらないのは蒸し煮込みと同じですが、鍋の中をより高温で保ち、柔らかく煮ることができます。また蒸し煮込みと違って、途中で蓋を開けることができます。

蛸柔らか煮

（125頁参照）

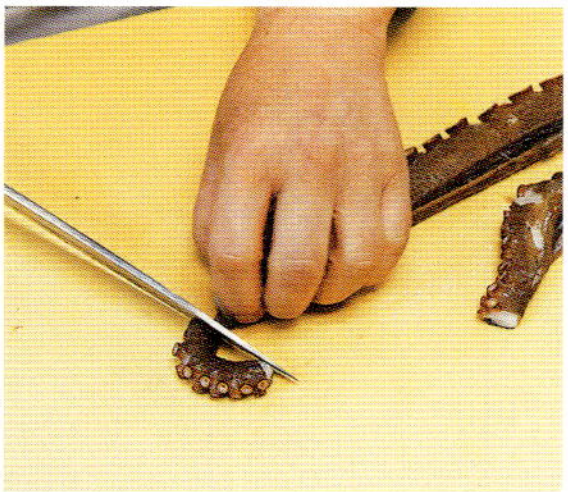

❶ タコの足先は汚れが多いので切りおとし、下ゆでする。

❷ ダイコンで叩いて繊維を柔らかくほぐす。

❸ 経木に切り目を入れ、鍋の底に敷き、タコを並べる。

煮炊き物のポイント　その5

❹ 落とし蓋をして玉酒をひたひたくらいまで加える。

❺ 鍋の縁を濡らした布巾でぐるりとおおう。

❻ 砂糖、玉酒の半分量のサイダーを加える。

❼ 大きめな蓋をして密閉し、半日煮る。

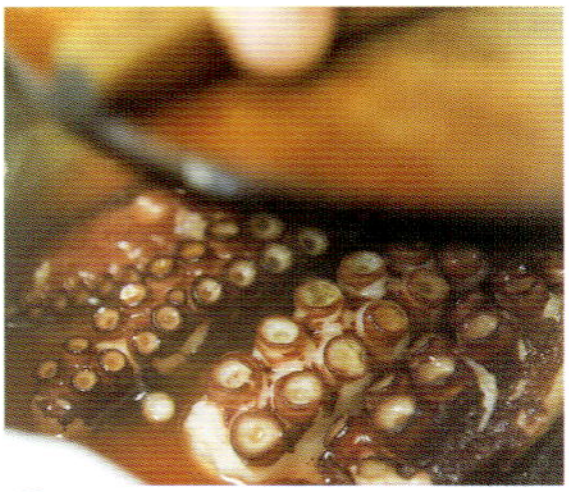

❽ 途中で濃口醤油を加えて仕上げる。

乾燥品・加工品

卯の花煎り煮

紅生薑

❶おからはすいのうに入れて、水漉しをして、豆の皮やごみを取り除き、粒子の細かなものだけを使う。
❷鍋に白ごま油をひき、ニンジン、ゴボウ、シイタケのせん切りを入れ、焦がさないように火を通す。
❸出汁を加え、砂糖、塩、淡口醤油、ミリンで味をととのえ、おからを入れ、さらに煎り煮する。
❹上がりに五分に切った三つ葉、クルミの飴炊きをきざんで加え、とき卵で締める。

卯の花煮寄せ

紅生薑

❶煎り煮の要領で炊いたおからに全卵1、卵黄2をとき入れ、よくなじませて、流し缶に流し、85℃くらいでじんわり火を入れる。
❷冷めたら切り出し、蒸し温めて器に盛る。天に紅生姜をのせる。
●銀餡をかけて提供してもよいでしょう。。

干瓢含め煮

蓬味噌掛け

●もどし方

①カンピョウを水に浸し、塩もみし、硫黄臭を抜く。

②水洗いして下ゆでする。このときあまり煮すぎると、柔らかくなり過ぎるので、硬さを加減する。

❶ゆがいたカンピョウを平にのばして鍋に並べ入れ、出汁、砂糖を加えてしばらく煮る。

❷塩、白醤油で味をととのえながら、ゆっくりと煮る。

❸ヨモギの新芽を摘み、ジューサーにかけ、湯をし、裏ごしに上げ、青寄せを作る。玉味噌でのばし、鞍かけする。

金海鼠みぞれ煮

針柚子

❶湯の中に藁を入れて炊き出した汁に、キンコ（干しナマコ）を1日浸けて蓋をしておく。再度藁湯で炊いては浸け換えることを3日くらいくり返して、柔らかくもどす。

❷清湯して、両端を切り捨て、腹を開いて中の筋を包丁で切り出す。きれいに掃除し水気をきっておく（キンコのつのを傷つけないように注意する）。

❸出汁6、酒1、濃口醤油1、砂糖1、たまり醤油の地で煮る。

❹さいの目に切った蕪を下ゆでしたものと大根おろしと共に鍋に入れ、出汁、ミリン、淡口醤油、塩で味を付け、煮立たせてアクをとる。

❺味加減をみてから、先の炊いたキンコを小口切りして鍋に入れる。あまり長時間炊かずに、さっとからめたら器に盛り、針ユズを添える。

鋳込み金海鼠

針柚子

❶キンコをもどしたものを、みぞれ煮同様に炊いて用意しておく。白身魚（ハモなど）のすり身を浮き粉、卵白、昆布出汁でのばし、塩、ミリン、淡口醤油で下味をつけて、棒状にとる。炊き上げたキンコの地をしっかりとときり、腹に小麦粉をふって、すり身を詰め、ガーゼで包み巻簾で巻く。

❷蒸し器で蒸し、すり身に火を通す。取り出して、ガーゼで包んだまま、酒、出汁、砂糖、濃口醤油、たまり醤油で炊く。
❸味がついたら取り出し、ガーゼをはずし、炊いた地にミリン、水飴少量を加え、キンコをもどし入れ、照りをつける。
❹3㎝幅に切って盛り付け、刷毛で煮汁を塗って照りをつける。
●炊きあがりに地を詰めるとキンコが固くならず艶もでます。

黒豆蜜煮

丁呂木

❶丹波産の質の良い黒豆を求め、炭酸、塩をまぶす。

❷還元鉄を水に溶き沈殿させ、その上澄み水を豆の5倍量入れ、一晩浸ける。

❸皮のはぜたものやしわの入ったものを除く（この後もはぜたものやしわの入ったものがあったら、随時取り除く）。

❹鍋に浸け水ごと入れ、弱火にかけ、煮立ったらアクをすくう。途中水をたしながら、柔らかくなるまで煮る。

❺豆1粒を取り、壁に投げてみて貼りつくくらいに柔らかくなったら、火を止めて冷めるまでおく。流水にさらし、水分をきる。

❻蜜（水1・8ℓに砂糖400g）を合わせ、一昼夜仮浸けする。蜜が浸透すれば、火にかける。

❼本蜜（水1・8ℓに砂糖500g）を合わせ、先の炊いている鍋と同じ温度にし、豆を移し入れる。紙蓋で空気にふれないようにして、炊く。

❽冷まして濃口醤油を少量入れる。

❾チョロギはすり鉢に入れて米糠をまぶして手でもみ、水洗いする。

❿一度湯をして、酒八方で煮る（蜜煮にしてもよい）。

● 濃い蜜に急に入れたり、豆の温度より蜜の温度が高いと皮がやぶれます。また空気にふれないように煮てください。

高野豆腐含め煮

青菜煮浸し

●もどし方

①大きめの角バットに熱湯を入れ、炭酸を入れ、高野豆腐を浸ける。浮いてこないように落とし蓋をしてもどす。

②芯までもどったら両手で挟み押さえて、壊れないようにそっと水気を絞る。新しい水に替え、やさしくもむようにして濁りがなくなるまでもみ洗いする。炭酸臭さや余分なでんぷんを除く。

③巻簾で挟んで水気をしっかり絞る。

❶鍋に酒八方を合わせ、先の高野豆腐を入れ、落とし蓋をして、30～40分煮る。途中アクをていねいに取り、味を含ませる。

❷適当な大きさに器に合わせて切り出し、盛り付け、青菜の煮浸しを添える。

射込み高野豆腐　木の芽

❶竹型の高野豆腐を求め、炭酸を加えた熱湯に浸け、冷めるまでおいて、含め煮の要領でもどす。
❷鍋に酒八方（出汁20、酒1、ミリン1、砂糖1弱）を合わせ、落とし蓋をして煮る。
❸2〜3割煮詰まるまでじっくり煮て味を含ませる。
❹高野豆腐の真ん中に蕗の青煮を射込み、薄板で巻き、タコ糸で結び、共汁で煮込む。
❺両端を切り揃え、木の芽を天盛りする。

田作り

❶ごまめは形が整っていて光沢のある良いものを選び、焙烙で焦げないように炒る。
❷ザルでふるいにかけ、小羽や汚れをおとす。
❸鍋に酒、醤油、砂糖で地を合わせ、煮立ったところに、先のごまめを入れて、地が全体にまわるように、弱火にして軽くかき混ぜながら、炒り煮する。
❹炒り上がりに酢少量をふりかけ、刻みトウガラシを加え仕上げる。
●熱いうちに酢をふりかけるのと、サラダ油をふきかけることで、ごちごちに硬くなりません。

蒟蒻煎り煮

❶黒コンニャクを叩き、腰を折ってから、両面に細かい鹿の子包丁を施す。
❷湯通しして、臭みをとる。
❸ザルに岡上げして、水をかける。
❹鍋に油を入れ、よく熱した所に先のコンニャクを入れ、両面煎りつける。
❺コンニャクを取り出して、角に切り出す。
❻鍋肌の熱をとり、コンニャクをもどして酒、醤油、砂糖、ミリン、鷹の爪で味をととのえ、強火で炊き上げる。
●切り出す前の表面積が大きい状態で油で焼くので、水分が抜け、歯ざわりがよく味もよくしみます。

ぴり辛蒟蒻

❶玉コンニャクを湯通しし、岡上げして水分を飛ばす。
❷鍋に油をひき、よく熱してから先のコンニャクを入れる。一味唐辛子、出汁、酒、濃口醤油、砂糖を入れて煮て、最後は転がしながら煮詰める。

穴子昆布巻

木の芽

❶アナゴを開き、ひれ、ぬめりを取り、串を打ち、一杯醤油でかけ焼きしておく。

❷白板昆布を二枚縦に並べ、酢拭きする。

❸先のアナゴを昆布に合わせて切り揃え、適量を芯にして昆布で巻き込む。竹ひもでくくる。

❹竹の皮を裂いて鍋の底に敷き、巻いたアナゴを並べ、木蓋に押しをかけて、酒、砂糖、ミリン、淡口と濃口醤油半々で、昆布がしっとり充分に柔らかくなり、味が入るまで、ゆっくりと炊く。

●アナゴの他、キス、ウナギ、モロコ、ワカサギなど応用できます。

昆布佃煮

けしの実

❶鍋に水7ℓ、酢3ℓを合わせ、角切昆布3kgを一昼夜浸けてもどす。
❷そのまま火にかけ、砂糖3kg、たまり醤油5・4ℓ、赤酒1・8ℓ、塩抜き梅干し10個を入れる。
❸3日間かけて、合わせ調味料が蒸発するような感じで煮詰める。途中、焦げ付かないように木杓子で混ぜる。
❹上がりにうま味調味料をティースプーン5杯くらいふり入れる。

天井昆布

針柚子

❶昆布の汚れを落とし、10分ほど水でもどし、縁の薄い部分は切り取る。
❷穴のあいた長方形の板に合わせ切り、数板重ね、また上に穴の空いた長方形の板をのせ、タコ糸で縦横きっちり結ぶ。
❸鍋に入れ、水8、酢2の割合で合わせた酢水をたっぷり張り、一昼夜そのまま浸ける。
❹軽く重石をして、酢水の分量に対し8分の1くらいの濃口醤油と赤酒1、砂糖1で味をつけ、3日くらいかけて煮る。
❺冷まして引き上げ、重石をかける。切り口を見せて、盛り付ける。

芋茎含め煮

木の芽

●もどし方

①干しズイキ（いもがら）を水に浸けてもどした後、よくもんで流水で洗う。

②鍋に湯を沸かし、酢、鷹の爪、大根おろし（汁）を入れ、水気を絞ったもどしたズイキを入れる。

③ひと煮立ちしたら、ザルにあげて岡上げし、冷ます。流水にさらし、アクを抜いて、しっかりと水気をきる。

❶出汁12、酒1、淡口醤油1、ミリン1の八方出汁に追い鰹、落とし蓋をして煮含める。

●すぐに水にさらさず、冷ましてからさらすと、しゃきしゃき感がでます。

●精進料理の和えもの、炊きもの、素朴な味わいの料理にと、多様に使えます。

芋茎伽羅煮

❶干しズイキをもどし、下処理したものを、2cmくらいに切り揃え、水気をよく切る。

❷鍋に三割醤油を入れ、たまり醤油を足し、砂糖少量を足して地を合わせ、鷹の爪を入れる。詰め煮する。

ぜんまい煮浸し

● もどし方

①青干しゼンマイを一昼夜水に浸して水もどしをして、柔らかくしておく。

②固い部分を取り除き、よくもむ。銅鍋で色だしをして、水にさらす（ひなた臭さをとる）。

❶長さを切り揃えて、カンピョウで結ぶ。

❷鍋に油を敷き、先のゼンマイを入れ、軽くばらけないように煎る。

❸出汁を入れ、落とし蓋をして炊いていく。出汁を含んだら、砂糖、淡口醤油で味を含ませ、上がりに煮切りミリンで仕上げる。

ぜんまい黄金煮

❶下処理し、煮浸しの要領で煮含めたゼンマイを適当な食べ良い長さに切り揃え、地をよくきる。

❷打ち粉し、卵黄で黄身衣をつけて油で揚げる。

❸油抜きをして水分をとり、八方出汁に浸け、含め煮する。

●強火で炊きすぎると衣がはがれるので、注意しましょう。

ぜんまい信太巻き

❶油揚げを湯の中に炭酸を少し入れ、油抜きし、三方を切って開く。
❷下処理をしたゼンマイを芯にして、油揚げで巻き、カンピョウで数箇所くくり、鍋に入れ、八方出汁で煮含める。

大豆五目煮

管牛蒡

❶大豆の良質のものを選んで中火で煎り、板の上に並べる。平らなもので押しつけながら、皮だけを取り去る。水に一晩浸ける。
❷大豆を鍋に入れ、出汁10、酒1、砂糖1を入れて煮る。
❸豆が柔らかくなり始めたら、下処理して小角に切ったニンジン、コンニャク、シイタケ、ゴボウを加え、じっくり煮込む。
❹醤油で加減してミリンで味をととのえ、炊き上げる。
❺色紙切りしたキヌサヤを散らす。
●冷めたままでも、温めても、おいしい料理です。

ちりめん有馬煮

❶上乾のちりめんを熱湯で洗い、鍋に入れ、ひたひたの酒を注ぎ、3時間くらいおく。

❷そのまま火にかけ、ミリン、濃口醤油少量で味をつける。硫酸紙をかぶせ、全体に地がまわるように交流で炊く。

❸地が完全になくなる直前に有馬山椒の水煮をたっぷりと鷹の爪を加え、そのまま地がなくなるまで炊く。

❹炊き上がったら、ザルにあけ、風通しのよいところで乾燥させる。

●最初から山椒を入れると香りが飛ぶので、上がりに入れます。

東坡豆腐

大根おろし　葱

❶絹漉し豆腐を水からすくい上げ、大きめの丸の打抜きで円形にぬく。
❷抜いたらすぐに、小麦粉を山盛りにしておいた上に置き、全体にまぶす。水分をきらずにまぶすことで、豆腐が生の小麦粉を吸収して、饅頭のような皮（衣）が自然にできる。
❸良質の植物油で3～4分揚げる。
❹鍋に煎り出汁を合わせておき、揚げたての豆腐を入れてひと呼吸炊く。
❺器に出汁ごと盛り付け、大根おろし、ネギの小口切りを天盛りする。
●豆腐をまず水からゆで、打粉をし、卵白にくぐらせて片栗粉をまぶして揚げてもよいでしょう。ゆでる時は水が80℃くらいになったら水に落とし、岡上げして水気をきってから粉を打ちます。

花豆含め煮

柚子

❶乾物の紫花豆を炭酸、灰汁を加えた水に浸けてもどす。
❷鍋に浸け汁ごと移し、途中、水が減った分を足しながら、弱火で柔らかくもどす。
❸充分に柔らかくなったら静かに水にさらし、水気をきる。
❹昆布出汁、酒、砂糖、醤油でじっくり煮含め、鍋止めし、味を入れる。

花豆蜜煮

柚子

❶白花豆を水に浸けておき、鍋に三倍量の水と入れる。躍らせないように柔らかく炊き、もどす。
❷しっかりもどったら、鍋ごと冷まし、水分をとる。蜜（水1・8ℓ、砂糖400g）を合わせ入れ、紙蓋をし、湯煎にかけて含ませる。
❸味が入ったら火からはずし、そのまま含ませて艶を出す。

ひじき五目煮

絹さや

❶ヒジキは水を何度も取り替えながら多量の水の中で洗い、乾燥臭や、ごみ、砂を充分に落とす。水気をきる。
❷鍋に油を敷き、熱くなった所に、先のヒジキを入れ、下処理して切り出したニンジン、ゴボウを入れ、煎りつける。
❸出汁少量を加え、醤油、ミリンで少ししんみりめに味を付け、煮汁が少なくなったところで刻んだ薄揚げを入れる。
❹味加減し、煎りつけるようにしながら煮詰めて仕上げる。
❺針打ちしたキヌサヤを天盛りする。

麩時雨煮

木の芽

❶生麩を湯煮し、水に醤油を入れて煮たたせ、煮染める。
❷よく汁をきり、油で揚げて揚げ麩を作る。
❸小角に切り、酒、赤酒、濃口醤油、砂糖で味をととのえ、詰め煮する。
●山椒を入れて有馬煮にしたり、諸味を入れて諸味煮にするなど、いろいろと味を変えれば、常備菜として保存することができます。

麩揚げ煮

木の芽

❶粟麩を適当に切り（棒状のままでもよい）、高温の油で色づくまで揚げる。
❷湯を沸かし、油抜きをして、水気をきる。
❸出汁、酒1、淡口醤油1、赤酒1・5、砂糖で煮詰める。
●揚げるときや炊くときに、麩が膨れないように注意する。

ふかひれスープ煮

胡麻豆腐　ちんげん菜

❶姿のフカヒレのもどしたものを求める。バットに空蒸ししたフカヒレを入れ、出汁、酒、葱油、干し貝柱（もどした汁とともに）、ネギのへた、ショウガを入れてラップ紙で密封し、4時間くらい蒸し煮込みにかける。

❷蒸し煮したフカヒレを一人用の小鍋に移し入れ、胡麻豆腐、チンゲン菜を盛り込む。

❸蒸し煮した煮汁を鰹出汁と4対6で割り合わせ、塩、淡口醤油で味をととのえ、吉野葛でとろみをつける。

❹先の小鍋に注ぎ、鍋ごと温める。

芋棒

松葉柚子

●下処理

①海老イモをよく洗い、皮肌をきれいにむき、砂糖水に浸ける。

②米のとぎ水に椿の葉と共に棒ダラを、一昼夜浸けておく。真水に浸け換えてきれいに洗い、三日くらいかけて柔らかくなるまでもどす。

③腹部の黒い所を包丁ですきとり、小骨は毛抜きで抜く。カマのところは切りはなして、適当な大きさに切り出す。

④一つ一つを経木ひもでくくり、大鍋に棒ダラを並べ、椿の葉とむいた海老イモの皮をむしり入れ、蓋をして、中火で炊く。

⑤下に藁をひとつかみ入れ、上に大蓋をして湯気がもれないように密閉して、3時間くらい炊く。上蓋を取り、鍋止めする。

❶もどった棒ダラと海老イモを鍋に敷き、昆布をした上に並べ入れ、玉酒をたっぷり入れ、煮始める。数回に分けて砂糖、淡口醤油を加え、さらに追い鰹をして気長に炊いていく。このときの鍋は、分厚めの鍋を用いじんわりと火が入るようにする。

❷全体がむっちりとした感じに炊き上げ、香りにユズを添え熱々をすすめる。

●一気に調味料を加えると柔らかくならないので注意します。

●浸け水の温度が高くなると、においがでて肉質がむせて好ましくない状態になるので、温度が上がらないように注意します。焼明礬を少し入れると臭くなりません。

鰊茄子

隠元豆　木の芽

●下処理

①本乾の身欠きニシンを米のとぎ汁に3日ほど毎日換えながら浸けてもどす。

②手の平の上に乗せ、きれいに掃除してウロコと腹骨をすき取る。

③1・8ℓの水に番茶40gの番茶汁（1時間くらい煮立てる）を作り、冷ます。

④鍋に冷ました番茶をニシンの2倍くらい入れ、落とし蓋をして最初強火、沸騰したら中火にして、2時間くらいかけてもどす。アクはていねいにすくい取る。鍋止めして冷めるまで置く。

❶バットにニシンを並べ、30分ほど強火で蒸す。

❷出汁4～5、濃口醤油1・5、酒2、黒砂糖1、赤酒1、たまり醤油0・5を合わせ、味をみて、2割煮詰める。冷やす。

❸深めのバットに皮目を合わせて並べ、昆布を関所としてところどころに入れて出汁を張り、ラップ紙で密閉する。1時間ほど蒸す。

❹一昼夜おき、汁を取り、鍋に移す。アクをとり、もう一度味をみてニシンを浸け込む。再び一昼夜おく。

❺ナスに縦に数カ所包丁を入れ、水にさらす。水気を取り、焼き明礬3、粗塩7、炭酸少量を合わせた礬塩で塩もみし、そのまま20～30分礬塩に漬け、水に浸け、水気をふき取る。

❻油で揚げて色出しをし、水にさらす。礬塩を抜き、出汁12、淡口醤油1、ミリン1でさっと煮て、一昼夜おく。

●ソフト乾の製品はもどさずに、半乾の製品は一昼夜米のとぎ水に浸けてから番茶で煮出します。

鰊甘露煮

柚子

❶半乾のニシンを二昼夜（全乾では三昼夜）、米のとぎ汁に浸ける（毎日浸け換える）。

❷取り出し、ウロコを取り、頭部を切り、腹骨をすき取る。

❸鍋にニシンを並べ、番茶を入れて落とし蓋をして2時間くらいで踊らぬようにもどし、一昼夜鍋止めする。

❹取り出し、バットに皮合せに並べ、40分くらい空蒸しして、出た水分をきれいに取る。

❺出汁4・5、赤酒1・5、濃口醤油1・5、黒砂糖1を合わせて注ぎ、ペーパータオルをのせ、追い鰹をしてラップ紙でおおい、40分蒸す。

❻取り出して一昼夜おき、共汁を鍋に移して煮立て、味をみて、布ごししてニシンを浸ける。

鰊松前煮

木の芽

❶下処理したニシンを、2㎝に切りおく。

❷山だし昆布をニシンに合わせて角切りする。酒、ミリン、濃口醤油、砂糖、酢盃2杯くらいで八方出汁に味をつけ、鍋にたっぷり張って火を入れる。

❸じっくり煮て、昆布が柔らかくなった頃合を見て、先のニシンを鍋に移し入れ、紙蓋をし、竹の皮、昆布と一緒に艶よく煮上がるまで気長に炊いていく。

●ニシンを二本合わせて、山だし昆布で巻いて竹の皮ひもでくくり、炊いて昆布巻きにしてもよいでしょう。

湯葉東寺煮

木の芽

❶巻き湯葉を寸切りして、130℃くらいの油に入れる。少しずつ温度を上げてきつね色になるくらい揚げて、油抜きのため熱湯をかける。

❷水気をよくきり、鍋に淡口八方を合わせ、砂糖で味を止め、じんわり煮含める。

●きつね色に揚げるには二度揚げしてもよいでしょう。揚げることで、香ばしさと食感が出ます。

生湯葉含め煮

生姜

❶生湯葉を3㎝くらいに切り、色出しした三つ葉で束ねる。

❷淡口八方に豆乳を加え、弱火で含め煮する。

❸香りにおろしショウガ（またはワサビ）を添える。

その6　蓋のいろいろ

落とし蓋には木製のものを用いるのが普通ですが、ニシンに昆布の旨みを移したいときには昆布蓋、柔らかくて傷つきやすい黒豆を煮る場合などは紙蓋をします。さらにギンナンをもどす際に、地の表面に油を浮かせる油蓋という技法もあります。油は熱伝導率がよく、落とし蓋と違ってギンナンを破裂させずに柔らかくゆでることができます。

餅銀杏

（36頁参照）

❶ ギンナンを割って、殻から取り出す。

❷ 米のとぎ汁（生米を加えてもよい）に炭酸を加え、渋皮がついたままのギンナンを2時間くらい浸ける。

❸ サラダ油を注ぎ、油蓋とする。中火で躍らせないようにゆがく。

❹ 20分ほど煮ると渋皮が自然にむけてくるので、取り出してゆでなおし、炭酸臭さを抜く。

❺ ゆであがってふくらんだギンナン（右）。このあと、淡口八方で含ませる。

炊合せ・預け鉢

炊合せ・預け鉢とは

文字通り、“炊いたもの”を複数“盛り合わせる”のが「炊合せ」です。魚と野菜を組み合わせる場合、魚は主役で野菜は添えといった位置づけになりますが、鯛と蕪、蛸と里芋、茄子と鰊のようにお互いがお互いを引き立て合う定番の組合せというものもあります。また山菜の炊合せのように、特にどの素材が主役というわけではなく、全体で一つにまとまった料理もあります。

一方「預け鉢」は、お茶事の席で、一汁三菜の後に提供する料理。大鉢に人数分を盛りつけて取り回しにするもので、和えものや酢のもの、珍味などの場合もありますが、炊合せを盛ることが多いです。

盛り方のこつ

複数の素材を盛り合わせる場合、同じ色のものが隣合せにならないように配色に気をつけながら、量の多いものを奥に盛り、手前に取りやすいものを盛るのが基本です。また主役となるものは前のほうに、従となるものは後ろめに盛るなど、箸をつけていく際の順序も考慮します。お茶事の取り回しの場合は、盛りつけが崩れて取りにくくなってしまうと後の客に失礼になるので気をつけます。

盛り方は、器の中央に寄せる「寄せ盛り」よりも、杉の木のように中央をうず高く盛る「杉盛り」や順に積み上げていく「俵盛り」のほうが、整然としているぶん崩れにくいです。盛り付ける素材の数に決まりはありませんが、カウンターの店で提供する場合は、熱々で食べられるのが醍醐味なので、二種盛りくらいにとどめて、すみやかに提供したほうがよいでしょう。

炊合せ

竹の子
菜の花
独活白煮
　木の芽

●作り方

竹の子▼49頁参照
菜の花▼49頁参照
独活白煮▼27頁参照

楓冬瓜
車海老
椎茸旨煮
三度豆
針柚子

●作り方

楓冬瓜▼トウガンの皮をむき、カエデの形に打ちぬく。三角錐で葉形の溝を入れ、53頁の冬瓜翡翠煮の要領で炊く。

車海老▼66頁参照

椎茸旨煮▼76頁参照

蛸柔らか煮
芽芋
小芋
おくら
　木の芽

●作り方

蛸柔らか煮▼125頁参照
芽芋▼61頁参照
小芋▼40頁参照

預け鉢

●作り方

蛸柔らか煮▼１２５頁参照

車海老▼66頁参照　鱧巻き▼１０７頁参照

茄子▼小ナスを57頁の巾着茄子の要領で色出しし、出汁12、ミリン1、白醤油1、淡口醤油０・2. 砂糖1で煮て味をつける。

おくら▼67頁参照

蛸柔らか煮
車海老
鱧巻き
茄子
おくら
針柚子

筍飛龍頭
独活白煮
車海老
小倉蓮根
千石豆
　ふり柚子

作り方

筍飛龍頭▼50頁参照
独活白煮▼27頁参照
車海老▼66頁参照
小倉蓮根▼67頁参照

蛸柔らか煮
木の葉南瓜
楓冬瓜
湯葉
針柚子

●作り方

蛸柔らか煮▼１２５頁参照

木の葉南瓜▼カボチャを薄く串切りにし、木の葉の形に切り整える。三角錐で葉形の溝を入れ、八方出汁で蒸し煮込みにする。

楓冬瓜▼１７０頁参照

湯葉▼１６４頁参照

鰻豆腐
鮎煮びたし
干しずいき
三度豆
木の芽

●作り方

鰻豆腐▼94頁参照
鮎煮びたし▼86頁参照
干しずいき▼153頁参照

わらび
こごみ
うるい
竹の子
蕗青煮
独活白煮
菜の花
土筆
　木の芽

●**作り方**

わらび▼69頁参照

こごみ▼コゴミは固い根のところを切り取り、巻き込んだ若芽の伸びすぎた葉先を摘み取り、湯をする。八方出汁に浸け込む。

うるい▼47頁参照

竹の子▼49頁参照

蕗青煮▼60頁参照

独活白煮▼27頁参照

菜の花▼49頁参照

土筆▼ツクシを51頁の土筆玉締めの要領でアク抜きし、吸八方に浸ける。

用語集

ア

あがり　上がり　料理のでき上がりのこと。料理の仕上がり際のこと。

あたり　あたり　味つけ。たとえば「塩あたり」であれば、塩で調味すること。

ありまに　有馬煮　サンショウの産地、兵庫県有馬にちなみ、実ザンショウを使った煮もの。

いこみ　鋳込み・射込み　野菜などの中身をくりぬき、そこに魚のすり身、鶏のひき肉を使った生地を詰めて作った料理。

いっぱいしょうゆ　一杯醤油　下味をつける目的で、たれを一回だけかけることをいう。

いりだし　煎り出汁　鰹出汁に、酒、濃口醤油、ミリンで調味し、梅干し、追い鰹を加えた掛け出汁。

いんろう　印籠　容器状のものに具材を詰めて、薬入れの印籠に見立てた料理。鋳込みの一種。

うきこ　浮き粉　小麦粉からグルテンを除いたでんぷん。

うしおに　潮煮　鰹出汁を使わずに、主素材の魚介類から出た出汁で仕立てる煮もの。

おいがつお　追い鰹　差しガツオともいう。野菜や乾物を煮る場合に、あとからカツオ節を木綿の袋や経木 (薄板) に包んで加え、旨みを加えること。

カ

かみぶた　紙蓋　材料の上に半紙や硫酸紙、パラフィン紙などを直接密着させて蓋とすること。落とし蓋の一種。

がんにとる　丸にとる　生地を団子のように丸く形作ること。

きゃらに　伽羅煮　フキや山菜などの個性の強い野菜を、香木の伽羅のように濃い色に煮しめたもの。

きょうぎ　経木　木材から薄くへぎ取って加工した板。へぎ板、薄板、折り詰の弁当箱に使うことから折板などともいう。

きよゆ　清湯　糠抜きなどのために、きれいな水でゆがくこと。

ぐそくに　具足煮　伊勢エビ、ワタリガニなどの甲殻類を、殻付きのまま煮たもので、形を具足 (よろい) に見立てたもの。

こうしゅうに　甲州煮　甲州 (山梨県) がブドウの産地であることから、ブドウ酒やブドウ汁を使った料理につけられる名称。

こうりゅう　交流　鍋に蓋をした状態で、ぐるぐると対流が起きるように煮ること。

こくしょうに　濃漿煮　味噌味で多めの汁で仕立てた煮もの。鯉こくが広く知られる。

サ

さかしお　酒塩　立て塩に煮きり酒を加えて弱火で煮てアクを引き、さし昆布したもの。

しぐれに　時雨煮　貝類や魚、肉などにショウガをきざんで加え、強めの味つけに炊いた煮もの。

じづけ　地浸け　素材を調味した液（地）に浸けて味を含ませること。

しのだまき　信太巻　油揚げで巻いた料理。「しのだ」は信田（信太）の森のキツネにかけて、油揚げを用いた料理に使われる言葉。

すいかげん　吸い加減　そのまま吸える程度の濃さの味加減。

タ

だいせんに　大船煮　アワビなどの貝類を大豆と一緒に煮た料理。

だいみょうに　大名煮　鯛の骨からとった出汁で煮る、贅沢な煮もの。

たたききのめ　叩き木の芽　包丁で刃叩きし、香りを引き出した木の芽（サンショウの若芽）。

たてしお　立て塩　海水ぐらいの濃さ（3%程度）の塩水。

たまざけ　玉酒　水と酒を同量ずつ合わせたもの。玉酒の「玉」は、昔、東京の多摩川の水がおいしいとされていたところから、水のことをしゃれて「たま」と言ったことから。

たまじめ　玉締め　煮ものの仕上がりにとき卵を流し入れ、卵とじにすること。

たまみそ　玉味噌　白味噌に卵黄、酒、ミリンを加え、火にかけて練り上げたもの。そのまま田楽味噌として使うほか、ユズや木ノ芽、ゴマを加えたりと、応用範囲が広い。

たんさんしお　炭酸塩　重曹（炭酸）と塩を混ぜ合わせたもの。

ちょくりゅう　直流　鍋に蓋をせず、温まった煮汁が鍋底からまっすぐ上へ上がってくるような状態で煮ること。

とうじに　東寺煮　ユバを用いた料理に使われる名称。

とうばどうふ　東坡豆腐　揚げ出し豆腐のこと。

どうみょうじこ　道明寺粉　水に浸しておいたもち米を蒸し、粗めに挽いたもの。

とがのおに　栂尾煮　赤や黄色の美しい蜜煮を、紅葉の名所、栂ノ尾にかけたもの。

ともじる　共汁　主材料を煮た煮汁のこと。

とろび　文火　弱火よりもさらに弱い火で煮ること。武火（強火）に対して、文火と書く。

ナ

なしわり　梨割り　ナシをむく際のように縦半分に割ること。

なべぞこになる　鍋底になる　煮汁が焦げつく直前までよく煮詰まった状態。

なべどめ　鍋止め　煮上がった料理にさらに味を含ませるために、火を止めてそのまま鍋の煮汁の中に浸けておくこと。

にものかげん　煮物加減　通常の煮物くらいの濃さの味加減。吸い加減よりも濃い。

ハ

はいあく　灰汁　木炭やワラを燃やした後の灰に熱湯を注ぎ、沈殿したあとの上澄み液。ワラビなど、山菜などのアク抜きに使う。

はかた	博多	色彩の異なる材料を、博多帯の織柄のように交互に積み重ねて仕立てた料理につけられる名称。
はちぶゆがき	八分ゆがき	完全にゆで上げず、八割くらい火を入れること。
はりうち	針打ち	材料を針や串で細かく突き刺すこと。または針状に細く切ること。
ひすいに	翡翠煮	宝石の翡翠の緑色にちなんで、野菜の緑色があせないように煮た料理。
びんろうに	びんろう煮	とろみづけをした煮汁をかけるなどして艶よく煮た煮もの。

マ

まつまえに	松前煮	昆布を使った煮もの。江戸時代に松前藩が北海道の昆布を出荷したことから。
みじんこ	みじん粉	もち米を蒸して挽いた粉。道明寺粉よりも細かい。
むつほどき	六つほどき	スッポンのおろし方の一つ。甲羅をはずし、腹甲にそってそれぞれの足の付け根に包丁で切り込みを入れ、えんぺらと 4 つの肉の塊に切り分けていく。

ヤ

やわたまき	八幡巻	ゴボウを芯にしてウナギやアナゴ、牛肉などを巻き、たれをかけて焼いたもの。
よしのに	吉野煮	材料を煮る時に水溶きした葛粉を加えてとろみをつけて煮たもの。
ゆしも	油霜	熱湯ではなく、熱した油に通して霜降りにすること。

ラ

りきゅうに	利久煮	ゴマを使った煮もの。千利休が料理にゴマをよく使ったからと伝えられるが、「休」の字を避けて、一般に久の字が用いられている。

●著者略歴

中西彬（なかにし・あきら）

１９４２年三重県生まれ。中学卒業後、義兄の紹介で料理人の道に入り、「新はり半」（大阪・宗右衛門町）で修業を始める。名料理人として名高い井戸川朝一の弟子である寺地秀三郎の下で研鑽を積み、70年「料亭中村」（大阪・道頓堀）の料理長となる。75年「割烹ウシオ」（大阪・曽根崎新地）、85年「料亭みのおつる家」の料理長を経て、89年から20年間「有馬古泉閣」（神戸・有馬温泉）の料理長を務める。万味求道庖宰クラブ塾長、古式四條流庖丁道家元、公益社団法人日本調理師会執行理事。有馬古泉閣顧問。

煮物 炊合せ便利帳

初版印刷——二〇一二年八月十五日
初版発行——二〇一二年九月一日

著者©——中西彬
発行者——土肥大介
発行所——株式会社柴田書店
〒一一三-八四七七 東京都文京区湯島三-二六-九 イヤサカビル
電話——書籍編集部 〇三-五八一六-八二六〇
営業部 〇三-五八一六-八二八二（問合せ）
URL——http://www.shibatashoten.co.jp/
印刷・製本—日本写真印刷株式会社